MW01442496

FINANZAS S.O.S.
La guía efectiva para ordenar tu dinero y salir de una crisis

Mario Magaña

BIENETRE
EDITORIAL

FINANZAS S.O.S.
La guía efectiva para ordenar tu dinero y salir de una crisis

Mario Magaña

© 2020 Editorial Bien-etre

Todos los Derechos Reservados. Queda prohibida la reproducción parcial o total de este material por cualquier medio o método sin la autorización por escrito del autor.

Publicado por: Editorial Bien-etre.

Diseño y Diagramación: Ceadvertising.

Diseño de portada: Ceadvertising.

ISBN: 978-9945-628-08-1

Edición: Editado por Editorial Bien-etre.

www.a90d.com

Primera edición 2020

Les dedico mi primer libro a mis padres, hermanos y sobrinos. Gracias por el apoyo incondicional. Los amo.

A mi hija recién nacida Mariana. Has venido a transformar mi vida.

A mis amigos y clientes que desde el inicio me apoyaron. Les estoy muy agradecido.

Con gran respeto y admiración a las personas que han atravesado por la dura prueba de la pandemia del COVID-19 y a los verdaderos héroes que son el personal de salud y saneamiento. Ustedes nos defendieron de la crisis, ahora aporto mi grano de arena para ayudarles en el éxito financiero.

Índice

Agradecimientos 9
Introducción 11

PARTE 1

MENTALIDAD GANADORA 17

Capítulo 1
Paradigmas Financieros 21

Capítulo 2
Zona de confort. 27

Capítulo 3
Proactividad financiera 39

PARTE 2

PLANIFICACIÓN FINANCIERA 49

Capítulo 4
Apoyo Familiar 53

Capítulo 5
Diagnóstico Financiero 61

Capítulo 6
Ingresos 65

Capítulo 7
Gastos 71

Capítulo 8
Prioridades. 87

Capítulo 9
Decisión de pago de deudas. 95

Capítulo 10
Ajuste de emergencia. 105

Capítulo 11
Control del dinero 113

PARTE 3
BLINDAJE FINANCIERO 131

Capítulo 12
Ahorro 133

Capítulo 13
Fondo de emergencias 143

PARTE 4
EDUCACIÓN FINANCIERA 153

Capítulo 14
Hábitos 157

Capítulo 15
Mentores. 173

Recomendaciones finales. 183

Potencia tu éxito financiero. 187

Bibliografía. 189

Acerca del autor 191

Agradecimientos

Una guía financiera que será de gran ayuda para el lector se realiza por medio de un equipo de trabajo.

Agradezco a mi familia por su apoyo y estímulo para crear el libro, dejándome trabajar a toda hora que me disponía a escribir, sobre todo a media noche. En estos momentos de encierro total por la pandemia del COVID-19 me han tenido mucha paciencia para escuchar sobre este libro. Gracias por las revisiones y los consejos que me dieron.

A mi hermana Liza Magaña, quien es una gran psicóloga y me apoyó en la revisión del libro con excelentes estrategias. Deseo que la publicación de este libro, te inspire a escribir el tuyo.

A Javier Castro, quién desde el inicio creyó en mí y en todo este proyecto. Gracias por tu paciencia y por el temple de no enojarte con propuestas de negocios que te envío por la madrugada cuando una idea se me viene a la mente.

Gracias también a Sally Cañas, por haberme ayudado con el nombre del libro.

En cuanto a la escritura le agradezco a Keila González Báez, por haberme impulsado a tomar el curso de A30D. Haber logrado escribir las bases del libro en un periodo de treinta días fue un éxito total. Me apoyaste a salir de la zona de confort y derribar paradigmas limitantes para ser autor.

Al equipo de trabajo de Editorial Bienetre, por la edición del libro, la asesoría y el apoyo que me brindaron en este tiempo. Son unos profesionales en la guía y acompañamiento a nuevos escritores.

A mis clientes y amigos que leyeron el borrador de este libro brindándome consejos e ideas para mejorarlo.

Introducción

Hace unos años pasé por una situación financiera muy difícil. Tenía niveles críticos de endeudamiento. El dinero que ganaba, en su mayoría, se iba al pago de deudas. Desesperado, renuncié a un trabajo en el que estaba cómodo y tenía una excelente relación con mi equipo para buscar una oportunidad fuera de la compañía y ganar más dinero. Encontré esa oportunidad, que no era de mi total agrado, pero ganaba más. Así como le sucede a la mayoría de las personas, están en un trabajo que no soportan –y menos al jefe– pero por la paga permanecen esclavizados por muchos años. Esta fue una de las primeras lecciones financieras para mí: creer que un aumento de ingresos solucionaría todos mis problemas financieros y no fue así.

Estuve unos meses nada más en la nueva empresa, luego renuncié. Pasaron las semanas y los ahorros se terminaron. Caí en depresión. Vivía con mi novia y nos corrieron de la casa porque ya no podía pagarla. Te imaginas el golpe mental que fue para ella y para mi tener que sacar nuestras cosas, cargando en brazos a Lucas, nuestra mascota. El dueño de la casa estuvo de brazos cruzados observando el desalojo de la vivienda, con cara de pocos amigos. Al inicio me molesté con él, pero luego pensé: ¿Qué culpa tiene don gruñón de mis malas decisiones financieras?

En ese momento me percaté de que tenía un grave problema financiero. Era hora de tomar decisiones drásticas en mi vida. Seguía en la misma situación o arreglaba las cosas, solo tenía esas dos opciones. Inicié entonces la búsqueda de una persona que me ayudara verdaderamente con mis finanzas personales, pero no lograba encontrarla.

Luego de días de indagar, encontré algunas opciones. Por un lado, estaban los asesores que ayudan a compañías. Expertos empresariales, pero no a nivel personal. Luego, los asesores bancarios. Con ellos descubrí que no eran asesores, como suelen llamarse y colocar en sus tarjetas de presentación, son más bien vendedores. Y la última opción fue buscar lejos de mis fronteras. En las redes sociales pude encontrar a esas personas que me dieron las bases para iniciar el proceso de transformación financiera.

El impacto que tuvo en mí la educación financiera cambió mi vida por completo y me llevó a dedicarme totalmente a ayudar a las personas. Así como logré tomar el control de mi vida económica y cambiar la situación, quiero ayudarte a alcanzar los objetivos que te propongas y que el proceso sea lo más suave posible para que no pases por la agonía que yo atravesé.

Estamos pasando por un gran reto como humanidad con la crisis del COVID-19 que ha paralizado al mundo. En estos momentos que escribo estas líneas, estoy en cuarentena obligatoria sin poder salir de casa. Una crisis que no solo es de salud, si no también económica, donde el nivel de endeudamiento llegará a billones de dólares; una gran cantidad de personas perderán sus empleos, ahorros de toda la vida, negocios y otros activos.

Este libro no es solo para la crisis actual, si no para cualquier emergencia financiera ya que a lo largo de la vida hay situación que estarán fuera de nuestro control y necesitamos estar preparados. Una emergencia financiera puede ser la pérdida de un empleo, reducción de ingresos, una enfermedad que involucre aumento considerable de los gastos, alto nivel de endeudamiento, entre otros. **El objetivo de este libro es que cuando tengas cualquier tipo de crisis que te impacte de manera económica directa o indirectamente te afecte lo menos posible.**

Algunas personas tratan de esconder el problema por distintas razones, pero no enfrentarlo puede ser contraproducente y causar daños emocionales. La preocupación sin acción y la falta de un plan pueden llevar a un problema mayor. Es importante ver la situación de una manera realista y proactiva. Toda decisión que tomes impactará directamente al núcleo familiar, por eso es importante que todos comprendan y estén de acuerdo en las decisiones que deben realizar. El apoyo familiar es fundamental en momentos de crisis.

Muchas personas, y eso espero, están aprendiendo qué es y qué no es importante. El dinero es importante porque nos permite comprar alimentos, seguridad, medicamentos, etc. También algo que se ha vuelto fundamental, sobre todo en una crisis, es que puede comprar tranquilidad. La tranquilidad viene de conocer que tu familia está a salvo y con los recursos necesarios para atravesar este reto. Desde la perspectiva de las finanzas personales, para mí no ha habido un momento más importante que el actual en la historia del ser humano moderno para la Educación Financiera. Este tema se convierte en una pieza clave porque nos permite cuidar nuestros recursos y prepararnos para el futuro.

Debemos ir midiendo el costo actual y futuro de esta crisis para que no nos tome por sorpresa otra situación y contar con las herramientas y recursos necesarios para hacerle frente. Inicia hoy mismo con la planificación, realiza los ajustes necesarios, reduce gastos, controla, guarda el dinero y edúcate.

Al analizar las finanzas de una persona lo que se ve es su pasado, la forma en cómo ha manejado el dinero. Es un reflejo de cómo una persona piensa y actúa. Funciona como un proyector de sus habilidades con el dinero. La realidad de tus finanzas hoy, son las decisiones del ayer. Cuando ves tu realidad a nivel financiero, estás reflejando el pasado. Si quieres cambiar esta situación, debes empezar hoy mismo con tu forma de pensar y de actuar y con el tiempo esto cambiará los resultados.

La vida después del COVID-19 te dará un gran reto y si antes no cuidabas el dinero, ahora se ha vuelto una necesidad hacerlo y permíteme resaltarlo:

ES UNA NECESIDAD Y OBLIGACIÓN QUE TOMES EL CONTROL DE TUS FINANZAS.

Si tenías la excusa de "yo no tengo tiempo para hacer un presupuesto", si creías que ahorrar era solo para los viejos, si te sentías seguro en tu trabajo actual, si tener una tarjeta de crédito te daba la ilusión de un estatus social, amigo y amiga, permíteme decirte que te acaban de dar una bofetada de realidad. No sé si el virus fue creado a propósito, no me interesa crear polémica ni ahondar en teorías conspirativas, lo que sí puedo ver es la fragilidad del ser humano. El ego acaba de ser pisoteado por la vulnerabilidad.

Toda crisis implica un cambio y no debes tenerle miedo, ya que esta es una oportunidad para crecer. Debes aprender a aceptar las cosas que no volverán a ser como eran. Solo si abandonas viejas formas de hacer algo, podrás avanzar. Las crisis, si aprendes de ellas, te vuelven una persona nueva y mucho más fuerte.

O te conviertes en una persona proactiva y tomas el control de tu vida o serás una persona reactiva. Las personas reactivas, como su palabra lo indica, reaccionan al miedo. Esto los lleva a comprar por pánico y acaparar de forma egoísta productos gastando una gran cantidad de dinero que luego tendrán que reponer con deuda, incrementando sus gastos fijos y sacrificando su futuro financiero y el de su familia.

Te recomiendo que empieces a tomar el control de tu vida, ya que de conservar las cosas como estaban, solo lograrás prolongar el problema y eres la única persona que lo puede hacer.

Deja las quejas a un lado. Las personas que más se quejan son las que tienen más problemas. Las quejas están conectadas con la escasez y con menores resultados. Lo que hagas a partir de este día tendrá efecto en el futuro. El éxito no depende de las circunstancias sino de quién eres tú para lograr hacer las cosas que te has propuesto en la vida.

La única manera de atravesar una crisis es siempre ir hacia adelante, aprender nuevas metodologías y funcionar de un modo distinto. El primer paso es el más difícil, el segundo es mucho más sencillo.

Funciona como una escalera. Debes ir escalando peldaño por peldaño para llegar al siguiente nivel. Cada peldaño representa un reto y una mentalidad diferente. Si ese escalón no es firme, se viene abajo todo el esfuerzo que has realizado. Cada sección de la escalera debe sostener a la siguiente. De esta metáfora he creado un método de apoyo que yo le llamo **la escalera del éxito financiero**.

La idea principal de este método consiste en que cuando tengas alguna emergencia financiera que afecte tus bolsillos y los de tu familia, puedas hacer uso de esta herramienta. Es importante contar con un sistema para mitigar riesgos, ya que si de algo podemos estar seguros es que el cambio es inevitable. El filósofo Heráclito de Éfeso lo decía: "nada es permanente a excepción del cambio".

Te brindaré algunas instrucciones para poner en práctica el sistema:
- En primer lugar, voy a hacerte una promesa: en el transcurso de este libro voy a utilizar cuatro operaciones básicas: suma, resta, multiplicación y

poca división. Si eres de las personas que les huye a los números, esta noticia será de tu total agrado.

- La escalera del éxito financiero se compone de los siguientes peldaños:
  - Proactividad financiera
  - Diagnóstico de la situación actual
  - Prioridades financieras
  - Decisión de pago de deudas
  - Ajuste de emergencia
  - Control del dinero
  - Blindaje
- El objetivo de cada peldaño de la escalera del éxito financiero es **maximizar el dinero**.
- Si antes no tenías ningún control del dinero, ahora es el momento. No tienes excusa, es urgente.
- Cada persona tiene un estilo de vida diferente. Evita las comparaciones.
- El recorte de gastos en crisis debe ser fundamental. Hay cosas que no necesitas para vivir, pero te aferras a ellas por tu estilo de vida. Esta reducción es temporal, no debe durar toda la vida.
- Tu misión es averiguar cuánto es lo mínimo que puedes gastar sin ahorcarte.

Adicional al sistema, en el transcurso del libro he colocado herramientas de apoyo con ejercicios para que los realices aquí mismo. El libro es una guía, por lo que te invito a que subrayes, tomes notas y realices los ejercicios en las páginas. El libro es tuyo, y te animo a que hagas un compromiso contigo mismo y utilices las herramientas expuestas.

También te estaré brindando preguntas poderosas de *coaching* que te retarán y te invitarán a cuestionar tu situación actual. Este tipo de información expande tu habilidad para realizar importantes cambios, avanzar en nuevas áreas, ser y tener más de lo que eres y quieres en tu vida. Una buena pregunta lleva a una buena respuesta. Tómate un tiempo para reflexionar y encontrar las respuestas.

En la serie *Hombre de fe* del maravilloso portero costarricense Keylor Navas, quien fue ganador con el Real Madrid de tres Ligas de Campeones de la UEFA, un comentador deportivo le dijo:

— Has tenido suerte con una temporada estupenda. ¡El mejor portero de la liga! ¡Un fantástico mundial!, ¿pero crees que tienes lo necesario para mantenerte?

Él responde:

— Sé que hay un propósito por el que estoy aquí. He tenido paciencia y me he preparado para aprovechar este momento. No creo que sea suerte.

Este libro tiene la intención de convertirse en la preparación que requieres para sobrepasar cualquier barrera que tengas y mitigar riesgos financieros.

PORQUE EL ÉXITO FINANCIERO NO ES CUESTIÓN DE SUERTE, SINO DE PREPARACIÓN Y ACCIÓN.

PARTE 1

Mentalidad Ganadora

Cuando inicié con mi marca personal @mariofinanciero, creía que brindar las herramientas y motivar a las personas eran la clave para ayudarles a tener éxito en sus finanzas. Hacía todo lo que podía para brindar a las personas razones para tomar conciencia de la importancia de la educación financiera. Cuando finalizaba las conferencias y asesorías, me iba tranquilo pensando que había realizado un buen trabajo por la información y motivación entregada.

Es importante la motivación, pero si no se cambia algo más, dura poco tiempo. ¿Qué se debe cambiar? La forma de pensar sobre el dinero; la mentalidad financiera. Esta es la raíz de todos los resultados que tenemos.

La mente es tu mejor aliado, pero en ocasiones se convierte en una gran barrera para el crecimiento financiero. La falta de dinero es un efecto, un síntoma de algo. La ley de causa y efecto nos dice que todo resultado es consecuencia de una o varias causas que lo provocan. ¿Cuál será entonces esta causa? La manera de pensar y las creencias que tenemos con respecto al dinero.

Lo podemos analizar con un ejemplo del libro *Los secretos de la mente millonaria* del autor T. Harv Eker. Fue revelador para mí. Él hace una metáfora para definir la programación financiera de una persona, llamada "el termostato financiero". Este es un indicador que refleja si tenemos una mentalidad de riqueza o de pobreza. El termostato es una herramienta que modifica la temperatura de un aparato para que suba o baje el grado que se programó. Imagina que estás en la oficina en un día caluroso, programas el termostato del aire acondicionado en dieciocho grados y así se mantendrá. Si abres la puerta o una ventana, en efecto cambia la temperatura, y el termostato se dispara para que el aire acondicionado realice su función y alcance la temperatura programada.

De igual manera, todos tenemos una programación con respecto al dinero. En las asesorías que he impartido he comprobado esta información. Para unas personas ganar 5,000 dólares es bastante dinero y para otras es poco. La cantidad es la misma, pero ¿por qué unas personas perciben una alta cantidad y otros una mínima? Por la forma en como está programado su cerebro. Me llama la atención que esta programación permanece por un largo periodo de tiempo en las personas. Te mencionaré otro ejemplo: una persona en busca de trabajo, ¿Crees que aplica en las ofertas laborales con un salario arriba del 50% del empleo anterior? La gran mayoría busca un salario similar al anterior y pasan años con el mismo ingreso. En las entrevistas de trabajo experimentan nervios y dudas cuando les llega el momento de expresar su expectativa salarial, debido a que ya tienen el termostato financiero programado con la cantidad que aceptarán.

Recuerdo en una ocasión que mi padre me llevó con él a una reunión para conocer al dueño de una compañía. Él quería que yo evaluara trabajar en esa empresa. En ese tiempo, ya había decidido no ser un empleado y me estaba preparando para iniciar mi marca personal. Por su insistencia, acepté participar. En algún momento de la reunión, el dueño me preguntó: Mario, ¿cuál es tu expectativa salarial? Le di el dato, y me dijo:

— Esa cantidad solo dos personas la ganan en esta empresa. Ustedes los jóvenes salen muy preparados de la universidad y quieren ganar bastante dinero, sin tener aún la experiencia de años.

Agradecí por lo de joven y supe que era la última entrevista laboral a la cual yo iba a asistir y hasta la fecha así ha sido.

Ahora, la pregunta poderosa: ¿Cómo puedes conocer el número de la programación de tu termostato financiero? La respuesta se encuentra en tus números, el dinero de tu cuenta, los ingresos, activos que posees y el flujo de efectivo mes a mes.

Si el número que ves no te gusta, te tengo una buena noticia, puedes reprogramar tu termostato financiero. Para esto necesitas adquirir nuevos conocimientos, habilidades y herramientas. Este libro será tu guía en el proceso.

CAPÍTULO 1

Paradigmas Financieros

> "No es lo que ignoramos lo que nos impide prosperar; lo que constituye nuestro mayor obstáculo es lo que creemos que sabemos y luego resulta que no es así".
>
> - Josh Billings

Siendo honesto, la primera vez que leí sobre los paradigmas fue un choque mental para mí. Me hice esta pregunta: ¿Cómo es que eso ha afectado los resultados de mi vida? Esto me puso en acción para investigar sobre cómo los paradigmas rigen el comportamiento de una persona.

Uno de los datos que más me impresionó en varias lecturas sobre este tema es que las personas que ganan la lotería una vez que se les termina el dinero quedan más pobres de lo que eran antes. ¿Y esta locura?, me dije. ¿Cómo pueden perder en meses millones de dólares? La respuesta es por la mentalidad financiera. Investigué a personas famosas, como el gran boxeador Mike Tyson, quien tuvo deudas que superaban los 20 millones de dólares entre su divorcio, adicción y problemas legales en el año 2003. El famoso jugador de los Chicago Bulls, Dennis Rodman, se declaró en bancarrota en el año 2012. Lindsay Lohan se declaró en bancarrota en el 2007 después de haberse gastado todo en fiestas y ropa. Michael Jackson tenía una deuda de 400 millones de dólares cuando murió de forma inesperada en el 2009. Y así podría mencionarte cientos de casos más. Lo que me llevó a deducir que la riqueza inicia en la mente. Las habilidades que posees, te pueden generar bastante dinero, sin embargo, el dinero sin inteligencia financiera se va a ir rápidamente de tu bolsillo.

En medio de la crisis mundial del COVID-19, he interiorizado que tenemos que ser una mejor versión de nosotros mismos, esto incluye la conciencia, flexibilidad ante los cambios y la responsabilidad en la toma de decisiones. Todo inicia en nosotros mismos y para cambiar debemos entender cómo funcionan estos pensamientos y la forma en que condicionan nuestra vida.

Los paradigmas son las creencias y la manera en cómo percibimos el mundo. Esas creencias rigen el comportamiento de una persona, por lo tanto, generan un resultado que puede ser positivo o negativo. Los paradigmas negativos me llevaron a contraer bastantes deudas y a tener problemas financieros. Es por esta razón que empiezo el libro explicando la parte mental porque sin esto, el cambio no es sostenible. **Este es el primer peldaño de la escalera hacia el éxito financiero**.

En las asesorías personalizadas que ofrezco he comprobado que puedo brindar la mejor receta financiera, no obstante, si la persona no toma conciencia de la importancia de utilizarlas, quedarán guardadas en los miles de archivos en una computadora. La técnica no será útil, si no te transformas desde el interior.

Desde el punto de vista de las finanzas personales, que es el tema que nos interesa, los paradigmas financieros se asocian a la programación que hemos recibido con respecto al dinero. Si, leíste bien, que hemos recibido. Esto significa que alguien nos ha enseñado esa programación. Los paradigmas los recibimos de las personas más cercanas a nosotros, y estos son padres, tíos, tutores, escuela, amigos, iglesia, vecinos, etc.

La pregunta clave es: ¿Están conscientes las personas de estos paradigmas? La respuesta es que la mayoría no. Van por la vida en piloto automático sin detenerse a pensar qué fue lo que causó el resultado, esto me sucedía a mí. Tomaba decisiones financieras sin conocer la realidad del porqué de las cosas. Me ofrecían una tarjeta de crédito y decía que sí, ¿por qué? no sé, solo la tenía. Hazte esta pregunta si tienes tarjetas de crédito: ¿Por qué la aceptaste? Podrás obtener alguna de las siguientes respuestas: la necesito para emergencias, acumulo puntos, debo tener un historial de crédito y otras más. Ahora pregúntate: ¿Quién te dijo eso? Estoy seguro de que fue alguna de las personas que te comenté en las líneas anteriores. Esto puede ser algo revelador y me agrada porque esa es la idea de estas páginas, que te desafíes.

Una vez escuché una frase que dice: "Eres el promedio de las cinco personas con quién más te relacionas", y de la misma manera son las finanzas personales. Yo voy a cambiar esta frase bajo el punto financiero:

TUS RESULTADOS FINANCIEROS SERÁN EL PROMEDIO DE LAS CINCO PERSONAS CON QUIEN MÁS TE RELACIONAS.

Si analizas esto, te darás cuenta de que es una realidad. Por eso es que los ricos hacen negocios con personas que tienen la misma actitud que ellos. La clase media defiende la deuda y la tarjeta de crédito se convierte en una necesidad para llevar un estilo de vida holgado haciendo competencia con el vecino y los menos acomodados no logran salir de eso porque dedican gran parte de su tiempo en victimizarse. ¿Qué ha creado esto, que unos tengan resultados y otros no? Los paradigmas financieros.

Los paradigmas se forman desde la niñez. El cerebro de los niños es una esponja que absorbe todo lo que ve, escucha y experimenta, luego modela toda esta experiencia. En otras palabras, actúa de la forma que ha aprendido. Si los padres suelen decir: "el dinero es malo", ¿qué resultados crees que obtendrá el niño cuando crezca? No serán favorables en temas de dinero porque aprendió que el dinero es malo, por lo tanto, cualquier cantidad de dinero mayor a lo que necesita lo desechará. Puedes estar pensando en estos momentos: "Mario, es una locura, cómo alguien va a desechar dinero". Sí, lo hace, ya que esto pasa a nivel inconsciente y la mente juega un papel importante. La lógica es la última que suma a esta ecuación, si no mira en diciembre, cuando los empleados reciben el aguinaldo. ¿Qué hacen estas personas con el dinero? No lo guardan, no lo ahorran y mucho menos lo invierten, lo gastan en regalos navideños, cenas, ropa, entre otros. Luego, justifican la compra para mermar su mala administración financiera.

Tú que estás leyendo estás páginas, este libro es para que despiertes y reflexiones sobre tus resultados financieros. No es un libro para quejarte ni hacerte la víctima, es para apoyarte a mejorar tu situación financiera y que te liberes de las deudas.

El primer paso para cambiar los malos hábitos financieros es mantenerte atento para identificarlos, esto significa tomar conciencia de que eres el único responsable de los resultados actuales. Lo segundo es aceptarlo; lo tercero es aprender y lo cuarto tomar acción. Sé que es impactante leer esto por primera vez, la buena noticia es que, si tú quieres enfocar tus esfuerzos en resultados favorables, estoy seguro de que lo puedes cambiar.

CAPÍTULO 2

Zona de confort

> "Creo que es más valiente el que vence a sus deseos que aquel quien vence a sus enemigos, porque la victoria más grande es sobre uno mismo".

Aristóteles

¿Sabías que el mayor poder para lograr lo que te propones está en tu interior? Ese poder se encuentra en la mente. El reto que tienes es utilizarlo a tu favor. Las personas lo utilizan en su contra y ese poder se debilita y se convierte en una barrera. Como te comenté anteriormente, muchos van en piloto automático, y espero que después de leer el capítulo anterior estés listo para tomar el control de tu vida.

A medida que repites una acción con frecuencia, dejas de fijarte en los detalles, ya que tu cerebro está acostumbrado a realizar lo mismo y no te cuestionas por qué lo estás haciendo, dónde lo aprendiste o si te conviene. He podido observar esto en las personas que utilizan la deuda como si fuera un aumento a sus ingresos. Este tipo de personas se encuentran automatizadas y no se detienen a pensar en su situación actual. Para ellos puede ser lo normal, aunque eso no significa que es lo correcto.

Muchos de los fracasos se pueden atribuir a la falta de conciencia o conocimiento. Este es el reto que tenemos para cambiar alguna situación en nuestra vida. Debemos mantenernos conscientes de lo que hacemos y así beneficiarnos en utilizar este maravilloso poder interior. Para lograrlo necesitamos retarnos y salir de la zona de confort.

La zona de confort es un estado mental en donde las personas deciden estar por seguridad a lo que ya conocen y evitan exponerse a cualquier situación que les impide un cambio. Es una zona que conoces. Tus hábitos, rutinas, conocimientos y habilidades son parte de la zona de confort. Muchas personas han permanecido en este estado mental desde antes de la crisis mundial del COVID-19 por la que estamos atravesando, donde la burbuja mental en la que se encontraban a nivel económico los tenía confiados y con la sensación que tenían el control. Este es uno de los indicadores que puedes observar para saber si algo en tu vida te tiene en esta zona. Si está estático, tienes un cierto control que te da tranquilidad, nada pasa ni nada fluye, pues te encuentras en ese estado.

La zona de confort para ti puede ser algo agradable como también desagradable. Si tu jefe te grita y tú lo aceptas, puedes pasar años en ese trabajo porque estás acostumbrado a recibirlo, aunque no sea algo agradable. De igual forma, puedes tener un trabajo donde tu jefe y compañeros sean una maravilla, todo te sale bien, te sientes pleno y es agradable; estás en la zona de confort. La zona de confort te da una seguridad virtual.

A continuación, voy a nombrar tres razones por las cuales a las personas se les dificulta abandonar esta zona:

A. El miedo los paraliza.
B. Desconocen su existencia.
C. No están dispuestos a pagar el precio.

Estos tres puntos voy a exponerlos a detalle en las próximas líneas, ya que, merecen su análisis.

A. El miedo los paraliza

En primer lugar, una de las grandes barreras son los miedos. Estos mismos han matado más sueños que cualquier cosa en la vida. El miedo es una emoción y se manifiesta ante la percepción de amenaza o peligro. Puede ser algo del pasado, presente o futuro. Es una intensa y desagradable sensación de la mente y del cuerpo que muchas veces puede bloquear la acción.

Es normal que cuando intentas algo por primera vez sientas miedo, ya que, es una experiencia desconocida. Te doy un dato impactante: hablar en público a algunas personas les causa tanto miedo como pensar en la muerte, por eso esta frase es bastante popular: "Me muero antes de hablar en público".

Aquí es donde se pone más interesante el tema. El miedo es necesario para el ser humano porque se utiliza para sobrevivir. El problema radica cuando afecta la calidad de vida. Si el miedo paraliza tu actividad se incrementan las razones para sentirlo. El miedo no es algo que desaparecerá, podemos incluso hacer algo con miedo. Lo que debemos aprender es a manejarlo y ser más fuerte que él.

Cuando se trata de cuestiones de dinero, la diferencia entre las personas ganadoras y el promedio es que unos abrazan el miedo, lo controlan y consiguen los resultados. Mientras que en otros, el miedo se apodera de ellos y los paraliza sin obtener mayores resultados.

B. Desconocen su existencia

La segunda razón es que desconocen este proceso. Como no cuentan con información, pueden pasar años y hasta toda una vida con el mismo pensamiento. No han tomado conciencia de que la zona de confort está afectando sus resultados. Tomar conciencia significa tener el conocimiento de uno mismo y de nuestro entorno. Con lo que te voy a explicar podrás derribar esa limitante de conocimiento respecto a este tema y es interesante comprenderlo porque en la medida que cambies esta mentalidad tus finanzas cambiarán de igual manera.

No sería responsable de mi parte iniciar brindándote las herramientas si tu mente no está preparada para tomar la responsabilidad de la transformación financiera. He tenido cientos de asesorías en finanzas personales y esta es la fórmula que funciona. Primero el pensamiento y luego la acción.

C. No están dispuestos a pagar el precio

La tercera razón por la cual las personas no salen de la zona de confort es debido a que no están dispuestos a pagar el precio. Aquí no solo estoy hablando de lo financiero, sino de las acciones necesarias para hacerlo. Una frase de Tony Robbins dice: "Para la mayoría de la gente, el temor a la pérdida es mucho mayor que el deseo de ganar". Desde mi perspectiva, lo que dice es que las personas no están dispuestas a pagar el precio de ganar financieramente por miedo a perder lo que tienen.

ASÍ SE ENCUENTRA LA MAYORÍA DE PERSONAS QUE NO CONSIGUEN RESULTADOS EXTRAORDINARIOS, INTENTANDO NO PERDER, EN LUGAR DE ENFOCARSE EN GANAR.

Te comparto algunos ejemplos que es probable ya has escuchado o puede ser que tú mismo lo digas: ¿Y si mi negocio fracasa? ¿Y si no me cuadra el presupuesto? ¿Y si el jefe se enoja? ¿Y si pierdo mi dinero en esa inversión? ¿Y si tengo que empezar de nuevo? ¿Y si me enfermo? Estos se llaman los "Y si". Toda oración que inicia con: "Y si" o "es que" seguro es para poner una excusa. En estas preguntas que suenan en nuestra mente, se encuentran muchos miedos y pocas soluciones. Esas no son preguntas poderosas, sino preguntas de duda.

SI HACES PREGUNTAS DESDE EL MIEDO, VAS A ENCONTRAR RESPUESTAS CON MIEDO. SI HACES PREGUNTAS POTENCIADORAS, VAS A ENCONTRAR RESPUESTAS PODEROSAS.

Una pregunta poderosa puede cambiar el sentido de tu vida, te lo aseguro. Pero este tema de *coaching* lo vamos a dejar para otro libro.

Si llegaste a esta parte de la lectura, me imagino que es porque decidiste dar el gran paso de salir de la zona de confort y te felicito. Estoy seguro de que así será. Veamos el proceso que sigue para que puedas ir paso a paso derribando cada uno de los retos para salir de la zona de comodidad.

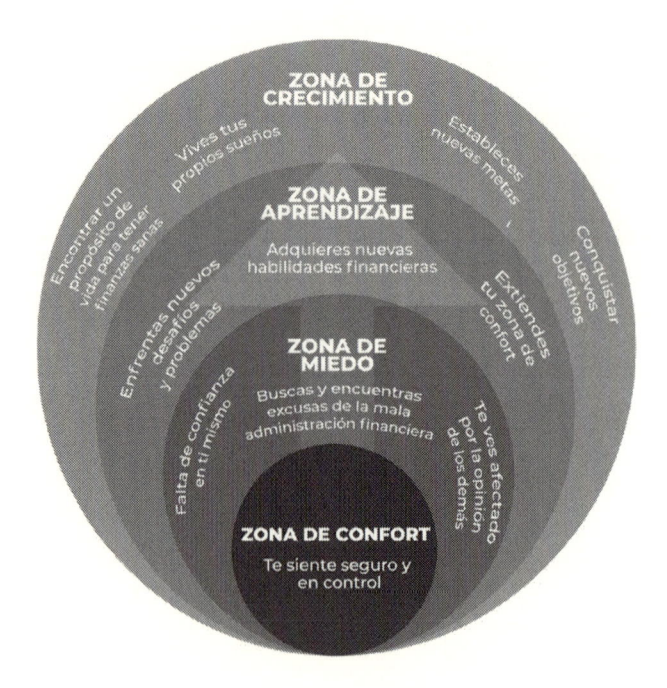

Ilustración 1

Zona de miedo

También llamada la zona de pánico. Esta es la primera etapa que se atraviesa para salir de la zona de confort. Para mí, es la etapa más difícil, ya que requiere dar el primer paso. Es importante estar conscientes de que todos sentimos miedo. Hay una amplia literatura de cómo derribar los miedos, sin embargo, desde mi punto de vista, el miedo siempre estará ahí. El miedo es como la sombra, donde sea que me mueva, se mueve conmigo. Es parte de la naturaleza del ser humano y nos sirve para sobrevivir. Si no tuviéramos miedo cruzaríamos la calle sin ver a ambos lados, por lo que corremos el riesgo de que nos atropellen. Sin el miedo no hubiéramos evolucionado, ya que, no mediríamos el peligro. La pregunta poderosa es: ¿Tus miedos te impulsan o te detienen?

En esta parte nos viene bien la leyenda de los indios *Cherokee* que habla sobre el conflicto de las fuerzas internas:

Un hombre dijo a su nieto:

— Siento como si dentro de mí tuviera dos lobos que están peleando, uno es blanco y otro negro. El lobo blanco es compasivo, amoroso y amable. El lobo negro es violento, arrogante y vengativo.

El nieto preguntó:

— ¿Quién ganará la batalla?

— El que yo alimente- respondió el abuelo.

¿Estás alimentando al lobo compasivo o violento? Uno de los ejemplos en esta crisis donde se puede apreciar la zona del miedo es con las compras de pánico. En redes sociales se difundían fotografías de personas comprando cantidades enormes de papel higiénico –nunca entendí a qué ayuda el papel higiénico con la crisis del COVID 19– gastando una gran cantidad de dinero que podría haberse utilizado para alimentos o medicinas. Esas personas, para continuar en su zona de miedo, hicieron este tipo de compras de forma reactiva y egoísta. Alimentaron al lobo arrogante y violento.

El miedo debe impulsarte, no detener tu crecimiento. Una de las estrategias que yo utilizo para disminuir el miedo es hacer las cosas hoy. Una vez que lo haces, la siguiente vez es más fácil. Funciona como un sube y baja.

> **CUANDO SUBE LA ACCIÓN, BAJA EL MIEDO Y CUANDO SUBE EL MIEDO BAJA LA ACCIÓN.**

Recuerdo en una ocasión cuando trabajaba en una empresa multinacional de productos para empaque de alimentos, mi cargo era ejecutivo comercial y me habían asignado algunos países de la región. Uno de los prospectos de la competencia a quien queríamos ganarle era una persona con un temperamento complicado. Antes de solicitar una reunión con él, yo tenía dudas y por ende el miedo empezaba a incrementarse, lo que paralizaba mi acción. La gerente comercial tenía una frase que se me quedó grabada: "El no ya lo tienes ganado al no actuar, así que vamos a la acción para ganarnos el sí". Esa frase fue el combustible que necesitaba. Al final de un proceso comercial, logramos ganar el cliente. Lo que me lleva a preguntarte: ¿Cuántas oportunidades has perdido por miedo?

Ahora ya sabes que cuando dudes en hacer algo, es porque la balanza del miedo está subiendo. En el momento en que seas consciente de que eso está sucediendo, tendrás una ventaja porque te permitirá analizar los escenarios para poder actuar de forma estratégica y no paralizarte.

Zona de aprendizaje

Una vez empiezas a tomar conciencia y controlas mejor el miedo, se suma la zona de aprendizaje. Aquí es donde adquieres nuevas habilidades, herramientas, estrategias y observas diferentes formas de hacer las cosas. Este libro es un ejemplo de una herramienta de aprendizaje para que salgas de la zona de confort en las finanzas personales. En esta zona es donde empiezas a ampliar tu visión del mundo. Siempre existe el temor, pero con la diferencia que ahora, ya diste el paso a la acción.

Dejas de consumir lo que no necesitas, como noticias tóxicas y acaparar artículos. Comienzas a tomar conciencia sobre la situación y piensas en las demás personas. Visualizas la crisis como un reto no tanto como un problema. Te vuelves una persona proactiva.

Siguiendo con el ejemplo de la crisis, en esta etapa empiezas a reflexionar con algunas frases como las siguientes: ¿Necesito cien rollos de papel higiénico para la crisis? Otras personas están pasando por lo mismo o peor, voy a reducir mi consumo a lo necesario. Necesito aprender a controlar el dinero. Si pago con deuda en unos meses el gasto fijo será mayor.

Pensar fuera de la caja, como se dice, te ayuda a salir de la zona de confort.

Puedes hacer ejercicios pequeños pero muy poderosos desde el punto de vista mental, te doy algunas ideas. Empieza haciendo cosas nuevas, por ejemplo, hablarle a un desconocido, ayudar con nuevas tareas en el hogar, haz una nueva rutina, almorzar con personas de otras áreas dentro de la empresa, contactar un nuevo prospecto, viajar a un lugar nuevo, aprender un idioma, entre otros. Esto te ayudará a flexibilizar tu mente y serás capaz de incorporar cambios significativos a tu vida diaria.

Una estrategia que te puedo enseñar con respecto a la zona de aprendizaje es utilizar el apalancamiento. Apalancar significa utilizar una herramienta para mover algo que por ti mismo te costaría aún más. En el rubro de la construcción se utilizan palancas, como las grúas. En finanzas también tenemos el apalancamiento financiero para no arriesgar todo tu capital. En el aprendizaje puedes tener apalancamiento por medio de libros, cursos, talleres y mentores. El aprendizaje lo recibes por sabiduría o por experiencia propia. Por sabiduría es apalancamiento y por experiencia propia es por tus propios medios. El problema de aprender por experiencia propia es que a veces resulta ser muy doloroso y utiliza muchos recursos.

Si te apalancas por medio del aprendizaje recibes el conocimiento y las estrategias a un menor precio de inversión. Lo que esto significa es que otro ya invirtió su tiempo, dinero y recursos y podrás adquirir esta información a un menor costo. Entiendo que el aprendizaje por experiencia es importante, pero lo complementas con el de sabiduría y así tienes una fusión poderosa.

Entre la zona del miedo y la zona de aprendizaje hay algo que estará atrayéndote hacia ambos lados, operan como dos fuerzas opuestas. Claro, todo esto desde un nivel interior, en la mente. Tendrás miedos fuertes que te atraerán de nuevo hacia la zona de confort; pero, por el otro lado, los nuevos conocimientos que tienes te atraerán hacia la zona de crecimiento. Si regresas a la zona de pánico te paralizarán totalmente. Se pone aún más difícil cuando personas dentro de tu círculo social no quieren que llegues a la zona de crecimiento y te transmiten sus miedos. No es con mala intención, porque un padre puede aconsejar a su hijo por el amor que le tiene, aunque la recomendación no sea la mejor a largo plazo. Por ejemplo, decir que "mucho dinero es malo". Este es un grave consejo hacia un hijo y aun así muchos padres lo dicen. Si el hijo toma el consejo, será arrastrado a la zona de confort ya que luchará a lo largo de su vida únicamente por lo necesario. Otro ejemplo es cuando emprendes un negocio. Hay personas que no lo han experimentado y te dan consejos; vivimos en una cultura donde todos sienten el derecho de opinar. Algunos malos consejos son: "Cuidado con ese negocio". "Es muy arriesgado, no creo que lo consigas". "Aquí no hay mercado para eso". "Busca mejor lo seguro, quédate en tu empleo". "Espera cuando estés mayor". "Primero debes graduarte para iniciar un negocio", entre otros. Existe un gran número de historias de emprendedores y millonarios que les dijeron mil veces que algo no iba a funcionar y ellos lo conquistaron. Se arriesgaron, afrontaron el miedo y obtuvieron resultados extraordinarios.

Zona de crecimiento

También llamada la zona mágica y del éxito. Al superar los retos anteriores llegas a esta zona maravillosa. En esta zona te adaptas a los nuevos cambios y mantienes un estado emocional positivo. Empiezas a agradecer por las cosas que tienes y creas una nueva visión de las oportunidades. Conquistas objetivos y produces cambio. Algo que debo dejar claro con respecto al cambio es el hecho de que cambiar no significa perder lo que se tenía, sino que se añaden nuevos conocimientos. El cambio es desarrollo y el desarrollo es crecimiento.

En esta zona vives en el presente enfocado al futuro. Debes mantenerte con motivaciones fuertes. No hablo de "*shots* de motivación" que te dan en esos seminarios de cientos de dólares solo para ir a saltar, cantar y llorar; una vez termina sigues con los mismos resultados. Aquí hablo de la convicción para lograr lo que te propones, porque la motivación dura 24 horas. Estar centrado en lo que es valioso para ti y pensar todos los días si lo que estás haciendo te aleja o te acerca del propósito que traerá los resultados deseados.

Para mantenerte fuerte en esta zona, debes permanecer en un ambiente adecuado, como explica John Maxwell en el extraordinario libro *Las 15 leyes indispensables del crecimiento*. El autor habla de la ley del entorno: "Si queremos crecer para alcanzar todo nuestro potencial, debemos permanecer en el entorno adecuado", (p.85). Necesitas retarte constantemente. Si quieres ser una persona saludable, debes permanecer en entornos saludables, obteniendo información sobre nutrición, ejercicios, entre otros. Si quieres tener éxito financiero, debes permanecer en ambientes con personas que conozcan cómo funciona el dinero, cuidarlo y multiplicarlo. Tu entorno es el ambiente en el que te encuentras. James Clear lo dice en su libro *Hábitos atómicos*: "El ambiente es la mano invisible que moldea el comportamiento humano", (p.106).

Cuando inicié el proceso de la transformación financiera evalué el entorno en el que me encontraba. Para mi sorpresa, la mayoría de personas con las que tenía contacto estaban en situaciones complicadas a nivel financiero; disponían únicamente de una sola fuente de ingresos y no administraban de la mejor forma. Esto me llevó a hacerme preguntas, por ejemplo: ¿Qué tipo de persona me puede ayudar a manejar bien mis finanzas? ¿Dónde están? ¿Qué hacen las personas que son exitosas con respecto al dinero? ¿Qué leen las personas que tiene éxito financiero? ¿Cómo se comportan estas personas? Ahora, con el acceso a internet es mucho más fácil encontrarlas. Si tienes este libro en tus manos, ya encontraste uno.

La zona de crecimiento se cultiva diariamente, de lo contrario vuelves a caer en la zona de confort. Es un trabajo que requiere disciplina, propósito claro y acción. Puede ayudarte colocar metas mayores a medida que logres los resultados. Una vez consigas tu objetivo, incrementa el reto y así te mantienes en movimiento.

CAPÍTULO 3

Proactividad financiera

> "Tan solo hay tres grupos de personas: los que hacen que las cosas pasen, los que miran las cosas que pasan y los que preguntan qué pasó".

- Nicholas Murray Butler

En su libro Los 7 Hábitos de la Gente Altamente Efectiva, Stephen Covey escribió sobre la proactividad en el hábito #1. Quiero usar este hábito como marco de referencia para describir el proceso y cómo se aplica a las finanzas personales. Con esta información podrás empezar a trabajar desde la proactividad para que logres resultados extraordinarios. Revisemos este poderoso hábito.

Ilustración 2

Observa en la ilustración los dos círculos: el de la preocupación y el de la influencia. El círculo exterior son las cosas de las que no tenemos el control y el círculo interior son las cosas sobre las que podemos ejercer control. La importancia de este análisis es determinar cuál de los dos círculos es el centro alrededor del cual gira la mayor parte de tu vida financiera y podrás descubrir mucho sobre ti. Este gráfico ayuda para conocer quién en realidad tiene el poder de las decisiones que has tomado en tu vida. Palabras fuertes, pero así es.

En el círculo de la preocupación hay algunas cosas de las que obviamente no tienes control, estas son las fuerzas externas, por ejemplo: no tienes control sobre las decisiones de un gobierno, sobre el clima, el equipo que va a ganar la final del mundial, las tasas de interés, la presión de las entidades bancarias en venderte una tarjeta de crédito, el humor del jefe, el marketing abusivo de la facilidad de endeudarte, el tráfico, sobre algunas enfermedades, etc.

Las personas reactivas se enfocan en el problema y centran toda su energía en las cosas de las que ellos no tienen el control, en el círculo de la preocupación.

A este tipo de personas les interesa mucho lo que piensan los demás. Por esa razón, experimentan estrés, enojo, excusas y culpan a otros. Se desligan de la responsabilidad de sus acciones. Insultan y hasta llegan a la violencia física. Esas personas ceden ante las cosas que no pueden controlar y eso los frustra. También a eso se le llama tomar el papel de víctimas.

El círculo de la preocupación de estas personas se dilata, dejando en menor diámetro al círculo de la influencia (ver ilustración 3). Cuando las personas se concentran en cosas que no pueden controlar, tienen menos tiempo y energía para dedicarse a las cosas en las que sí pueden.

Las personas reactivas se rehúsan a asumir responsabilidades y, en consecuencia, no logran el éxito real. Cualquiera que emplea la culpa para justificar algo que pasó o no pasó, nunca acumulará éxito sostenible en la vida. Es imposible hacer algo positivo cuando te la pasas inventando excusas.

Ilustración 3

Por otro lado, hay cosas en las que sí tienes el control o puedes hacer algo al respecto. Este es el círculo de influencia. Siguiendo con los ejemplos anteriores: no tienes control sobre el clima, pero sí de tu reacción y actitud hacia ello. No tienes control sobre las tasas de interés, pero si sobre qué entidad financiera elegir. No tienes control sobre las llamadas de los bancos para venderte tarjetas de crédito, pero tienes la decisión de decir no. No tienes control sobre el humor de tu jefe, pero sí lo tienes sobre cómo reaccionas antes ello o si decides permanecer en ese trabajo en el que no te sientes satisfecho. No tienes control sobre el tráfico, pero si sobre tu paciencia. No tienes control sobre algunas enfermedades, pero sí tienes control en la prevención reduciendo el riesgo en un buen porcentaje.

En estos ejemplos observa que las circunstancias son las mismas, sin embargo, la forma de ver y enfrentarse a la situación crea un contraste de dos tipos de personas. La clave es: cómo reaccionamos a lo que nos sucede.

Las personas proactivas tienen el control de su conducta y centran su tiempo y energía en las cosas que sí pueden controlar. Se enfocan en ellos mismos. Son alegres, positivos, buscan soluciones en lugar de problemas, están dispuestos a colaborar y son responsables de sus decisiones. Buscan el cómo para obtener los medios necesarios y alcanzar el objetivo. Son responsables y eficientes en la administración de sus recursos.

LAS PERSONAS EXITOSAS ACEPTAN GRANDES NIVELES DE RESPONSABILIDAD EN TODAS LAS ÁREAS DE SU VIDA, HASTA CUANDO FALLAN EN EL INTENTO.

Aumentar tu nivel de responsabilidad incrementará la habilidad para encontrar soluciones y crear éxito por ti mismo. Las personas proactivas saben que culpar no cambiará ninguna situación, por lo que toman responsabilidad brindándoles una sensación saludable que genera soluciones. El círculo de influencia de estas personas se expande (ver ilustración 4) porque se enfocan en las cosas que pueden cambiar, adoptando la postura de responsabilidad de que las cosas sucedan.

Ilustración 4

Te brindo un ejemplo de la vida cotidiana. Te encuentras conduciendo y en un semáforo alguien colisiona detrás del auto. Es claro que la culpa es de esa persona. Tu primera reacción puede ser enojarte y aquí inicia la diferencia de las personas proactivas con las reactivas. El reactivo se va a bajar del automóvil sin pensar en las consecuencias, discutiendo con el otro vehículo desde la posición de víctima. "Ay, pobre de mí, mira mi carro". Una persona proactiva toma el control de la situación dialogando y buscando una solución. Aunque esta vez no fue su culpa, pero busca hacerse preguntas poderosas para que ese incidente no vuelva a ocurrir. Puedes pensar: "Mario, pero es imposible controlar eso". Primero, ya estás pensando como víctima y segundo, el control es contigo mismo, no con la situación externa.

Una buena estrategia es centrarte en el poder de las decisiones. Aquí es donde se cumple la *ley del enfoque*, que dice: "Donde pones tu atención, pones toda tu energía, y eso atraes".

SI CENTRAS TU ENERGÍA EN LAS COSAS QUE NO PUEDES CONTROLAR VAS A VIVIR FRUSTRADO. SI CENTRAS TU ENERGÍA EN LAS COSAS QUE, SÍ PUEDES CONTROLAR, TIENES MAYORES POSIBILIDADES DE CONSEGUIRLO.

Ahora te pregunto:

- ¿Puedes controlar tus finanzas personales?
- ¿Puedes controlar tus ingresos?
- ¿Puedes reducir gastos y deudas?
- ¿Puedes controlar tus ahorros?
- ¿Puedes prepararte para una emergencia financiera?
- ¿Puedes educarte financieramente?

Espero respondas sí a todas las preguntas porque en esto nos vamos a centrar en el libro, en las cosas que sí podemos controlar. Llegó el momento de que te enfoques en la proactividad financiera.

Introduzco otro tema importante. Podrás ser reactivo en unas áreas y proactivo en otras. Realiza un ejercicio y coloca cinco áreas de tu vida en las que estés trabajando actualmente y evalúa si eres una persona proactiva o reactiva. Este ejercicio es solo para ti, no necesitas compartirlo.

Número	Áreas de trabajo	Proactivo o Reactivo

Evalúa la lista y crea planes de acción para cambiar las áreas reactivas a proactivas.

Conozco otra manera para evaluar este tema y se trata de escuchar tus propias palabras. Muchas personas no son conscientes del lenguaje que utilizan diariamente, pero las palabras tienen un gran poder para transformar. Te muestro a continuación en detalle.

El lenguaje te define

Las palabras tienen poder de acción. Tu lenguaje define la forma de persona que eres. Así como piensas es como hablas. Si tienes palabras limitantes, tienes una mentalidad limitada. Si tienes palabras potenciadoras, tienes una mente ganadora.

Esto me recuerda a una fábula que se llama *La rana sorda*:

Un grupo de ranas viajaba por el bosque, cuando de repente, dos de ellas cayeron en un hoyo profundo. Todas las demás ranas se reunieron alrededor del hoyo.

Cuando vieron lo profundo que era, les dijeron a las dos ranas que estaban en el fondo que debían darse por muertas. Las dos ranas no hicieron caso a los comentarios y siguieron tratando de saltar fuera del hoyo con todas sus fuerzas.

Las otras seguían insistiendo en que sus esfuerzos serían inútiles. Finalmente, una de las ranas puso atención a lo que las demás decían. Se dio por vencida y murió.

La otra rana continuó saltando tan fuerte como le era posible. Una vez más, la multitud de ranas le gritaba y le hacían señales para que dejara de sufrir y así se dispusiera a morir, ya que no tenía caso seguir luchando.

Pero, la rana saltó cada vez con más fuerzas hasta que al final logró salir del hoyo. Cuando salió, las otras ranas le dijeron: "Nos da gusto que hayas logrado salir, a pesar de lo que te gritábamos".

La rana les explicó que tenía problemas de audición y que pensó que las demás la estaban animando a esforzarse más y salir del hoyo.

La moraleja es:

Las palabras tienen poder de vida o muerte. Una palabra de aliento a una persona desanimada puede ayudar a levantarlo y finalizar el día con alegría. Una palabra destructiva dicha a alguien que se encuentre desanimado puede ser que lo termine de destruir.

Todos buscamos reconocimiento de los demás. Vivimos en sociedad, por lo tanto, nos gusta ser aplaudidos porque eso nos gratifica. Es por esa razón que en tiempos de crisis financiera debes darle a tu familia palabras de aliento, palabras potenciadoras.

Si estás atravesando un reto financiero que impacta a tu familia, hablar con palabras negativas hará que ellos se preocupen más de la cuenta y en lugar de dar soluciones van a tener miedo, limitando las acciones que deben tomar.

El lenguaje negativo debe quedar completamente fuera de conversación. Por eso, cuando me encuentro con una persona negativa y empieza a hablar desde el papel de víctima y con palabras limitantes, le digo: "Por favor, no descargues basura en mis oídos que no soy basurero".

Una persona proactiva es la que invierte su tiempo para animar a otros. Las personas que construyen el futuro son los que saben que las cosas más grandes están por suceder y que ellos mismos harán que pasen. Esto inicia en las palabras que se pronuncian.

Te comparto algunos ejemplos del tipo de lenguaje entre las personas reactivas y las personas proactivas para que puedas realizar una autoevaluación sobre el vocabulario que manejas diariamente.

Lenguaje reactivo	Lenguaje proactivo
No tengo tiempo para hacer un presupuesto	Creo el tiempo para hacer el presupuesto
El dinero es malo	El dinero me permite brindarle bienestar y seguridad a mi familia
No me alcanza el dinero, es el único trabajo que tengo	Busco alternativas para generar fuentes de ingresos adicionales
Tengo que ahorrar	Elijo ahorrar
Así soy yo, no puedo cambiar	Puedo mejorar, tengo el poder de decidir
Nunca me enseñaron a manejar el dinero	Busco educación financiera
Lo voy a intentar	Lo haré

Observa que las personas reactivas ponen excusas y se centran en las cosas exteriores, en lo que no controlan. Las personas proactivas crean las oportunidades y se enfocan en lo que sí pueden controlar. En el momento que cambies tus palabras, vas a cambiar tus acciones y así los resultados. Muy bien decía Albert Einstein: "Locura es hacer lo mismo una y otra vez y esperar resultados diferentes".

Ahora toma un lápiz para desarrollar este ejercicio tú mismo y coloca las palabras que dices sobre el dinero. Esta actividad te ayudará a tomar conciencia sobre este tema y poder cambiar las palabras limitantes por proactivas.

Lenguaje reactivo	Lenguaje proactivo

Si después de leer estas páginas y realizar el ejercicio te das cuenta de que vienes cargando algunos de estos problemas: altas deudas, el dinero no te alcanza para cubrir algunos de tus gastos, tienes dificultades con tu pareja por mala administración financiera, no llegas con dinero a fin de mes, entre otros, estos problemas son cosas del pasado. Ahora puedes volver a elegir.

NUNCA ASUMAS EL ESTADO DE VÍCTIMA UNA VEZ QUE DECIDISTE CREAR UNA VIDA LLENA DE ÉXITO. LO QUE HAGAS A PARTIR DE ESTE DÍA TENDRÁ EFECTO EN EL FUTURO.
TIENES EL PODER DEL AHORA.

PARTE 2

Planificación Financiera

Desde niños nos han enseñado que debemos cuidar nuestro dinero, pero como dice el refrán popular: *Del dicho al hecho, hay mucho trecho.* Normalmente las personas que nos dicen esto son parte de nuestra familia, sin embargo, la forma en cómo la mayoría maneja el dinero no refleja esos resultados. Escribí un blog en mi página web sobre este tema. Lo puedes visualizar en **www.mariofinanciero.com**.

La planificación es el proceso de definir las metas y objetivos que se persiguen, así como las actividades, recursos e indicadores necesarios para lograr los resultados a futuro. El proceso completo para el estudio de la presente temática se adapta a los principios de administración empresarial que Henri Fayol expuso por los años 1900, el definía la administración en cinco funciones: planeación, organización, mando, coordinación y control" (James A. F. Stoner, 1984, p. 38).

Por medio de la *planificación* trazamos planes de acción para lograr las metas. Con la *organización*, movilizamos los recursos para poner en práctica lo que hemos planeado. *Mando* significa darle dirección a nuestro dinero. Por medio de la *coordinación* nos aseguramos que las actividades que estamos realizando con nuestro dinero se estén ejecutando. Por último, pero muy importante es el *control*, que implica el seguimiento de los planes y la medición de los resultados.

Antes de trabajar con números, voy a iniciar el capítulo con uno de los pilares fundamentes en este proceso que es el apoyo familiar. En una situación de emergencia financiera, toda decisión involucra al núcleo familiar directamente, razón por la cual, es imprescindible que sean parte de este proceso. Comparten la vida juntos, por lo que no pueden quedar indiferentes a esta situación. Se necesita crear un entorno comunicativo, donde se fomente la participación de todos los miembros. De este diálogo depende el bienestar familiar e incluso la propia supervivencia para afrontar una crisis económica.

CAPÍTULO 4

Apoyo Familiar

" *La familia es lo único que estará contigo en los malos y buenos momentos. Cuídala igual de bien que a ti mismo.*"

Anónimo

Una hija se quejaba con su padre acerca de su vida y cómo las cosas le resultaban difíciles. No sabía cómo hacer para seguir adelante, estaba cansada de luchar. Parecía que cuando solucionaba un problema, aparecía otro. Su padre, un chef de cocina, la llevó a su lugar de trabajo. Llenó tres ollas con agua y las colocó sobre fuego. Pronto el agua de las tres ollas estaba hirviendo. En una colocó zanahorias, en otra colocó huevos y en la última colocó granos de café. Las dejó hervir sin decir una palabra. La hija esperó impaciente, preguntándose que estaría haciendo su padre.

A los veinte minutos el padre apagó el fuego. Sacó las zanahorias y las colocó en un tazón. Sacó los huevos y los colocó en otro plato. Finalmente, coló el café y lo puso en un tercer recipiente. Mirando a su hija le dijo:

— Hija mía, ¿qué ves?

— Zanahorias, huevos y café- fue su respuesta.

La hizo acercarse y le pidió que tocara las zanahorias. Ella lo hizo y notó que estaban blandas. Luego le pidió que tomara un huevo y lo rompiera. Una vez desprendió la cáscara, observó que el huevo estaba duro. Luego le pidió que probara el café. Ella sonrió mientras disfrutaba de su rico aroma y sabor.

Humildemente la hija preguntó: ¿Qué significa esto padre?

El padre le explicó que los tres elementos habían enfrentado la misma adversidad: agua hirviendo, pero habían reaccionado de forma diferente. La zanahoria llegó al agua fuerte, dura; pero, después de pasar por agua hirviendo, se había vuelto débil, fácil de deshacer.

El huevo había llegado al agua frágil, su cáscara fina protegía su interior líquido; pero, después de estar en agua hirviendo, su interior se había endurecido.

Los granos de café, sin embargo, eran únicos; después de estar en agua hirviendo, habían cambiado al agua.

— ¿Cuál eres tú?-le preguntó a su hija- Cuando la adversidad llama a tu puerta, ¿Cómo respondes? ¿Eres una zanahoria que pareces fuerte pero cuando la adversidad y el dolor te tocan, te vuelves débil y pierdes toda tu fortaleza?

¿Eres un huevo que comienza con un corazón maleable? Poseías un espíritu fluido, pero después de una muerte, una separación, crisis, o un despido te has vuelto duro y rígido. Por fuera te ves igual, pero eres amargado y áspero, con un espíritu y un corazón endurecido. ¿Eres como el grano de café? El café cambia al agua hirviente, el elemento que le causa dolor. Cuando el agua llega al punto de ebullición el café alcanza su mejor sabor. Si eres como el grano de café, cuando las cosas se ponen peor tú reaccionas mejor y haces que las cosas mejoren a tu alrededor. Ahora te pregunto: ¿Cómo te enfrentas a los problemas de la vida?[1]

En mi experiencia asesorando a docenas de personas en la administración de su dinero, he podido observar que una clave fundamental para tener éxito financiero es el apoyo familiar. Cuando hablo de apoyo me refiero a todo el grupo familiar, el que está bajo el mismo techo.

Por ejemplo, Clarisa y José han sido una pareja extraordinaria en cuanto a la transformación financiera. Desde el primer día se comprometieron a tomar el control de sus finanzas. En la primera sesión llegaron preocupados, sus rostros los delataban. Yo les pregunté:

— ¿Qué quieren lograr con esta asesoría?

— Tomar el control de nuestro dinero y pagar deudas; sobre todo, obtener paz financiera.

— ¿Paz financiera? – les contesté.

— Sí. -me respondieron- El dinero se nos está fugando por la bolsa. Queremos reducir las deudas y contar con dinero disponible para emergencias en caso de que lo necesitemos. Queremos sentir seguridad para nuestra familia.

— Excelente. ¿Están realmente comprometidos para hacer las modificaciones necesarias, poner en práctica lo aprendido y ser unas personas proactivas?

— Claro que sí -me dijeron los dos al mismo tiempo.

---

1 https://www.sabiamente.es/como-te-enfrentas-a-los-problemas/

— ¡Perfecto!- les dije- Iniciemos entonces.

Al finalizar la primera sesión, ellos ya tenían un panorama claro de la posición financiera en la que se encontraban. Luego, trazamos los planes con base en sus necesidades. En las siguientes asesorías todo mejoraba y en cuestión de seis meses lograron reducir un 20% su nivel de endeudamiento. Creamos un plan de ahorros, establecimos un fondo de emergencia y hasta empezamos a evaluar inversiones.

Les llamé por teléfono como seguimiento de las sesiones. Desde el punto de vista financiero, se encontraban tranquilos porque tenían dinero para atravesar la emergencia. En cuanto al trabajo y la planificación realizada anteriormente lograron paz financiera. Al igual que ellos, eso mismo quiero que logres tú con este libro.

Un aspecto clave en este proceso es el acompañamiento, necesitas identificar tu red de apoyo. Pregúntate ¿Con quién puedes contar? ¿Qué personas se encuentran accesibles para ti? Cuando enfrentas una crisis rodeado de personas que te apoyan te fortaleces.

En estos momentos es cuando más necesitamos de nuestros seres queridos, ya que no es un proceso fácil. Te recomiendo hacer una reunión familiar para explicar tu situación y expresar claramente el objetivo. Cada miembro de la familia debe conocer qué se espera de él y cuál será su rol en este proceso.

Otra forma en que puedes lograr este acompañamiento es por medio de un profesional; en este caso, un asesor financiero independiente, responsable, que esté de tu lado y vele por tus intereses.

Ahora llegó el momento de analizar las decisiones que se deben tomar para ordenar los números y cumplir los objetivos financieros. Lee este capítulo varias veces de ser necesario, ya que, producirá un cambio significativo en tu situación financiera. Recuerda realizar los ejercicios con las herramientas que te he brindado.

Como familia, se deben tomar algunas decisiones que es probable no sean cómodas para todos, pero sí necesarias. Ten presente que esto es temporal. Manejar las finanzas con restricciones no es recomendable. Parte de la administración financiera es disfrutar y premiarte por tus logros dentro de tus posibilidades sin sacrificar el dinero a futuro. Yo a esto le llamo: Administrarse no restringirse.

Un ejemplo común en cuanto a las decisiones financieras es la disminución de gastos. Esto es clave para salir de una emergencia financiera. Cada cierto tiempo, como el que vivimos en este año 2020, son factores externos, pero no suceden con gran frecuencia. En la mayoría de casos, lo que lleva a una crisis financiera son factores internos. El ejemplo más habitual es el desorden financiero.

El mayor porcentaje de crisis financieras inicia con la falta de planificación. Las personas con este problema ignoran en qué se les va el dinero, fluye como el agua fuera de sus manos. Son inconscientes en cuanto a la forma de administrar las finanzas lo que hace que no tomen buenas decisiones.

Estoy seguro de que ya has escuchado la frase: "Tenía cincuenta dólares en mi cartera y no tengo idea en qué los gasté". Esta frase me da un poco de gracia porque si tienes el dinero en tu bolsillo y no sabes en qué lo has gastado, "Houston, tenemos un problema". Este es un claro ejemplo de inconsciencia financiera y debes trabajarlo.

CUANDO SABES A LA PERFECCIÓN A DÓNDE SE VA CADA DÓLAR DE TU BOLSILLO, TOMAS DECISIONES CON SABIDURÍA.

En las finanzas de pareja sucede lo mismo: si los asuntos de dinero no están en orden, la relación tampoco lo estará. Cuando una pareja tiene una buena relación en temas de dinero, la armonía dentro del hogar prospera; crece la comunicación, florece el amor y cumplen sus sueños. Si quieres que tu relación mejore, presta atención al tema del dinero porque cumple un papel fundamental.

Deben trabajar en equipo y comprender que ambos son importantes para construir un vínculo fuerte en el hogar y en las finanzas, independiente del porcentaje que cada uno aporte.

EN UNA RELACIÓN DONDE PREVALECE EL AMOR, EL PORCENTAJE NO DEBE SER UN PROBLEMA, PORQUE TODO SUMA.

No utilicen el dinero como una estrategia de manipulación para tener el "poder" en la relación. Esto es muy dañino. Cada uno aporta un valor fundamental en el hogar, ya sea que uno colabore más que el otro financieramente.

Al igual que un equipo de fútbol, uno anota los goles desde su posición y el otro defiende. Aplicado a las finanzas en pareja, uno se encarga del ingreso aumentando el dinero y el otro de defenderlo contra los gastos innecesarios. No sirve de mucho anotar si al final del partido, recibes el mismo número de goles quedando en empate porque estabas tan concentrado en la delantera que se te olvidó defender. Tampoco en las finanzas sirve de mucho ganar, si al final del mes no te queda nada de dinero; siempre estarás con el partido económico empatado sin lograr avanzar. Estoy seguro de que tú quieres ganar el partido financiero, por esa razón estás leyendo este libro.

Voy a brindarte distintos ejemplos de los más comunes que he analizado en las asesorías. Como te he repetido en el transcurso de estas páginas, cada persona tiene un estilo de vida, objetivos y metas diferentes, por lo que no quisiera ampliar demasiado ni crear polémica entre los diferentes conceptos de convivencia, ya que no es el punto del libro y respeto las preferencias de cada persona.

Tipo	Detalle	Decisiones claves
Solteros	Personas independientes económicamente que viven solos o compartiendo vivienda con otras personas. Aplica a personas que viven en un lugar diferente a su país de origen.	Compartir los gastos del hogar (si aplica). Aprender una habilidad que permita tener fuentes de ingreso adicionales. Cuidado con las deudas de consumo.
Parejas Comprometidas	Parejas casadas o comprometidas viviendo bajo el mismo techo. Aplica a parejas que no tienen hijos.	Apoyo y comunicación. Una crisis es una prueba grande y podrán salir fortalecidos si logran trabajar juntos. Eviten las deudas de pasivos.
Familia con hijos dependientes	Parejas con hijos que dependen económicamente de ellos (menores a 18 años)	Trabajo en equipo de la pareja sin críticas ni culpas. Importante el presupuesto unido. Involucrar a los hijos en la educación financiera. Ahorros y fondos de emergencia.
Familia con hijos independientes	Personas con hijos que ya generan sus propios ingresos y viven bajo el mismo techo.	Apoyo familiar entre todos los miembros. Contribución económica y delegar responsabilidades. Enfocarse en la reducción de gastos.
Adultos mayores	Adultos ya retirados, pensionados o con inversiones.	Maximización de los recursos y fondo de emergencia.

Si tienes alguna otra situación, haz este ejercicio y evalúa el tipo de decisiones claves para que puedas salir lo mejor posible de la crisis financiera.

Tipo	Detalle	Decisiones claves

LA UNIÓN HACE LA FUERZA Y COMPRENDER LA IMPORTANCIA QUE TIENE LA ADMINISTRACIÓN FINANCIERA AYUDARÁ A CUMPLIR LOS OBJETIVOS QUE SE HAN PROPUESTO.

CAPÍTULO 5

Diagnóstico Financiero

" La planificación a largo plazo no es pensar en decisiones futuras, sino en el futuro de las decisiones presentes."

Peter Drucker

He impartido cientos de charlas sobre educación financiera y una de las preguntas que hago antes de iniciar mi presentación es: ¿Cuántos de ustedes quieren tener éxito a nivel financiero? El 100% levanta su mano. Ahora sigo con la siguiente pregunta: ¿Cuántos de ustedes han recibido educación financiera? Las manos arriba no duran ni diez segundos. Luego les digo: Si todos quieren tener éxito financiero, ¿por qué no han buscado educarse financieramente? Silencio sepulcral en la sala. Esto sucede por diferentes motivos: la educación, la sociedad, el gobierno, la cultura, etc. Si has sido observador, he mencionado situaciones externas y la mayoría de las personas responden de esa manera:

— Nunca me enseñaron sobre educación financiera.

— Ni a mí tampoco- les contesto- pero yo busqué ser proactivo y educarme.

Si has llegado a esta parte del libro te felicito, porque significa que también estás comprometido a cambiar tu situación.

LA FORMA EN LA QUE GASTAS EL DINERO ESTÁ RELACIONADA A LA FORMA EN LA QUE TOMAS DECISIONES EN CUALQUIER ÁMBITO DE LA VIDA.

En esta sección te enseñaré a conocer tu situación financiera actual. Iniciemos a trabajar los números.

Antes de tomar cualquier decisión financiera debes conocer dónde te encuentras. Esto funciona igual que cuando vas a solicitar un transporte. Si utilizas una aplicación, lo primero que el sistema requiere es conocer dónde estás ubicado, el punto inicial. Luego, hacia dónde te diriges, la meta final. Desde el punto de vista financiero, tomar decisiones sin conocer dónde te encuentras te llevará a gastar dinero adicional comprometiendo el futuro o utilizando deuda mala, que es peor.

El diagnóstico financiero cuenta la historia de vida de una persona. Esto es lo que más me gusta de los números. Así como manejas tus finanzas, manejas tu vida. También en las parejas, la forma en como administran el dinero dice mucho de cómo manejan su relación. Te doy un dato curioso: ¿sabías que un gran número de parejas terminan separadas por mala administración financiera? Inician escondiendo gastos o deudas a su pareja por miedo o desconfianza. La desconfianza es un indicador de que algo más profundo está sucediendo y luego el dinero amplifica ese problema.

EL DINERO ES UN AMPLIFICADOR DE LA CALIDAD DE LA RELACIÓN.

En la primera sesión de una asesoría 1 a 1, le solicito a la persona que me narre su situación actual y me muestre los números. Los datos que normalmente poseen son los ingresos y gastos fijos. Es curioso que los gastos variables, que son uno de los mayores dolores de cabeza en las finanzas personales, no se consideren con exactitud. Por esta razón, es importante que coloques en papel o en un archivo digital el diagnóstico financiero. No es lo mismo tenerlo en la cabeza que ver el número.

El diagnóstico financiero será el peldaño que va a marcar el punto de inicio numérico en la escalera del éxito financiero. En el transcurso de las siguientes páginas voy a hacer el ejemplo entre dos tipos de resultados: uno con flujo de efectivo positivo y otro negativo. Esto te ayudará a diferenciar cada estilo de vida y apoyarte desde la situación en la que te encuentres.

Tengo que advertirte que, al elaborar este ejercicio podrás llevarte un impacto emocional, guarda la calma. Recuerda que en este diagnóstico evalúas la situación actual, sin embargo, tú tienes el poder de cambiar y lo vamos a lograr. Yo estoy aquí para apoyarte a que tengas éxito financiero.

CAPÍTULO 6

Ingresos

> *"Vive de acuerdo con tus ingresos. Si quieres vivir mejor aumenta tus ingresos, no tus deudas. Se trata de vivir para progresar no para aparentar."*
>
> **Anónimo**

La herramienta número uno para la creación de riqueza es tu ingreso. Toda economía personal y familiar inicia aquí, con la generación de los ingresos y son las entradas de dinero. El efectivo que llega a tu bolsillo en un período de tiempo. Al igual que en una empresa, es lo que suma en el estado financiero. Al registrarlos deben ser libre de impuestos, una vez que el "Cesar" se llevó su parte. Si eres emprendedor o profesional independiente, debes reducir los impuestos de ley. Por ejemplo: si ganas en un mes 2,600 dólares y de esto pagas el 13% de impuesto (puede ser el IVA) entonces registra 2,301 dólares porque 299 dólares son del gobierno. Independiente si tienes remanente de IVA por las compras, este ya es un tema contable. Si sobra dinero de este pago qué bueno, ahórralo para el siguiente mes. Estos son los ingresos netos.

Si no haces el ejercicio de esta manera estarás en riesgo de descapitalizarte al final del mes cuando te toque pagar los impuestos, y el "Señor Gobierno" no perdona que le debas dinero. A los ingresos netos se les llama dinero disponible. Registra los ingresos que vas a recibir en el período de tiempo en que estés realizando el diagnóstico. Te recomiendo que sea mensual.

En las finanzas de pareja, aconsejo que sumen los ingresos, la razón es que cualquier decisión que tomen impactará en el otro. Eso de llevar presupuestos por separados tarde o temprano puede afectar la relación.

En finanzas personales existen diferentes tipos de ingresos. Te voy a mostrar los más habituales. Esta información también te ayudará a comprender los conceptos y animarte a indagar más sobre el tema para que puedas generar fuentes de dinero adicionales.

A. Ingresos lineales

Estos son los ingresos que la mayoría de las personas poseen. Se reciben por medio del desarrollo de una actividad. La forma de transacción es que entregas tu tiempo, esfuerzo y conocimientos a cambio de un pago. Este ingreso en su mayoría lo reciben los empleados y personas independientes por medio de un contrato en un período de tiempo. En estos ingresos, si no trabajas no recibes el dinero. También forman parte las comisiones, bonos, aguinaldos, entre otros. En el mes que se reciba ingresos adicionales a los fijos, proyéctalos en el diagnóstico.

B. Ingresos por ganancia de capital

Son ingresos que generas por medio de la compra y venta de un producto para recibir un beneficio en esa transacción. Para generar este tipo de ingresos debes haber invertido. Por ejemplo, si compras una propiedad en 100,000 dólares y posteriormente la vendes en 150,000 dólares, ganas $50,000. Recuerda que debes descontar los impuestos de la transacción para obtener el dinero disponible. Otro ejemplo es comprar un vehículo en remate, lo arreglas y lo vendes a un precio mayor de la compra, la inversión y la reparación. También forman parte las ganancias en acciones, bonos, fondos de inversión, entre otros.

C. Ingresos pasivos

Ingresos que recibes sin que tú generes una mayor acción. No los generas a cambio de tu tiempo realizando un trabajo, se obtiene por medio de activos que has comprado o creado y generan ingresos por sí mismos. Algunos de estos ejemplos son pago de un bien de forma periódica, rentas en alquileres, regalías, patentes, propiedad intelectual, entre otros. Este tipo de ingresos trabajan para ti sin que estés haciendo nada de forma activa. Si es la primera vez que leíste sobre este ingreso, te recomiendo que centres tus esfuerzos en crearlos ya que es el fundamento de la verdadera libertad financiera.

Te comparto una tabla para que coloques los números y empieces a elaborar el diagnóstico en la medida que avanzamos.

Ingresos	Monto
Ingreso lineal (Salario)	
Ingresos de otro miembro de la familia	
Comisiones, Bonos, etc.	
Negocio propio	
Ganancia de capital	
Ingresos pasivos	
Otra entrada de dinero:	
Sub Total: (suma las entradas)	
Impuestos (-)	
DINERO DISPONIBLE PARA EL MES	

Si adquieres este libro en forma digital ingresa a mi página web: **https://mariofinanciero.com/herramientas-finanzas-sos/** para obtener las tablas en formato digital.

CAPÍTULO 7

Gastos

"*La inteligencia financiera no es tanto cuánto dinero ganas, sino cuánto dinero retienes en tus bolsillos*".

Robert Kiyosaki

Es probable que sepas que los gastos pueden clasificarse en fijos y variables. A mí en lo personal me gusta clasificarlos por categorías. Esto me permite ver en dónde se está gastando más dinero, conocer con exactitud las prioridades y el estilo de vida actual.

Algunas de las categorías que debes incluir en este diagnóstico son vivienda, alimentación, transporte, ahorros, seguros, educación, salud, donaciones, deudas y gastos varios.

Vamos a revisar cada una de las categorías.

A. Vivienda

En esta categoría vas a colocar todos los gastos que tengan que ver con el lugar donde vives. A continuación, voy a ir detallando los principales.

Alquiler e hipoteca son dos cosas diferentes. El alquiler es la cesión temporal de un bien a cambio de una contraprestación de tipo económico y se hace por medio de un contrato en un período de tiempo. En palabras menos técnicas, pagas por utilizar ese bien en el tiempo que establezcan en el contrato. Por otro lado, la hipoteca es un instrumento de deuda en el cual se coloca de garantía el bien por el préstamo concedido. Una vez se termine de pagar todas las cuotas del préstamo que incluyen: capital, intereses, seguros y otros gastos administrativos, se libera el bien. Es importante conocer que una casa tiene varios gastos que debes considerar a la hora de hacer el diagnóstico.

En el caso de los seguros de vivienda algunos ya vienen en la cuota de la hipoteca, si es así, coloca un solo monto, no es necesario que lo separes. Con los alquileres depende del contrato.

Cable, telefonía e internet puede ser un monto total. Si tienes por separado cada uno colócalos así.

Suma los montos de servicios básicos como agua, gas y electricidad. Estos gastos son variables por lo que debes colocar el monto a pagar en el mes del diagnóstico, independiente de la fecha en que se utilice el servicio. Lo usual es que este tipo de recibos sean del mes anterior. La información que nos interesa es la salida de dinero en el mes del análisis.

Existen otros gastos que tienen algunos hogares como cuota de vigilancia, empleados y mantenimiento. Si aplica en tu caso coloca este dato. Modifica los gastos y agrega los que tu estilo de vida tenga.

En los proyectos o mantenimiento que puedas tener para tu hogar, por ejemplo, pintar la casa, mantenimiento del techo, aire acondicionado, entre otros, utiliza la estrategia de prorrateo o provisión. El prorrateo es repartir de forma proporcional una cantidad en un período de tiempo, por ejemplo: vas a pintar una parte de tu casa y presupuestas gastar 500 dólares. Si en ese mes no te preparas, tienes que pagar la cantidad de un solo golpe, y adivina cómo la mayoría de personas terminan pagándolo: sí, con deuda.

LA CLAVE ES GENERAR LA MENOR DEUDA DE CONSUMO POSIBLE YA QUE SE CONVIERTE EN GASTO FIJO REDUCIENDO LA LIQUIDEZ MENSUAL

Con el prorrateo planificas el gasto y presupuestas ahorrar 100 dólares durante cinco meses para tener el dinero y pintar la casa. Si observas en este ejemplo, tú controlas el presupuesto y te vuelves proactivo. Es una de las claves para mantener finanzas sanas, tomar el control de nuestro dinero.

Gastos de Vivienda	
Alquiler	
Hipoteca	
Seguros	
Celular	
Gas	
Cable, telefonía e internet	
Agua	
Mantenimiento	
Proyectos	
Otros Gastos	
TOTAL	

B. Transporte

El transporte es una categoría importante ya que necesitas movilizarte para generar ingresos, a menos que ya poseas ingresos pasivos.

Iniciemos con el pago mensual del transporte que puede ser un automóvil o motocicleta. Si estás pagando en cuotas, coloca el monto mensual. Este tipo de financiamiento lo he separado de la categoría de deudas de consumo al igual que la hipoteca.

Combustible es un gasto variable ya que depende del precio y de la movilidad que tengas en ese mes. Coloca el monto semanal y luego multiplicas por el número de semanas del mes.

Si ya tienes seguro del vehículo dentro de la cuota, coloca un solo monto. Si lo pagas aparte colócalo en una casilla.

Al igual que en el ejemplo del prorrateo en la pintura de la casa que te enseñé en la categoría de vivienda, haz lo mismo con el mantenimiento. Por ejemplo, si cada tres meses haces cambio de aceite y el precio es de 90 dólares, ahorra 30 dólares por mes y ya tienes el dinero disponible.

Si utilizas transporte público, taxi, tren o algún otro medio de este tipo, calcula el monto semanal y luego lo multiplicas por la cantidad de semanas del mes. Si vas a gastar en neumáticos o una reparación mayor de igual forma, aplica el prorrateo, pero a un mayor plazo.

En otros gastos de transporte puedes colocar el lavado de auto o algún adicional. Si tienes otro tipo de gastos, colócalos en ese espacio.

Gastos de Transporte	Monto
Pagos mensuales del vehículo o motocicleta	
Combustible	
Seguro del vehículo	
Mantenimiento (promedio)	
Transporte público	
Taxi	
Otros Gastos:	
TOTAL	

C. Alimentos

En esta categoría separa los alimentos necesarios de los gustitos. Coloca aquí los alimentos y artículos que compras en el supermercado y mercado. En otras palabras, lo que necesitas en realidad para vivir. Agrega aquí los artículos de limpieza y otros insumos.

Podrás preguntarme: "Mario, yo tengo que comprar alimentos en la empresa, ¿en qué categoría los coloco?" Agrégalos en esta categoría ya que hay personas que por la naturaleza de su trabajo deben movilizarse. El área de ventas es un ejemplo, también personas que por diferentes circunstancias no pueden llevar los alimentos a la oficina. Estos gastos se vuelven necesarios presupuestarlos en esta categoría. Si comes fuera de la empresa por "gustito personal", recuerda que ya estás gastando en supermercado y el gasto de esa salida se duplica.

Gastos de Alimentos	Monto
Supermercado	
Mercado	
Artículos personales	
Comidas en la empresa	
Otros	
TOTAL	

Importante:

Te he mostrado las tres categorías que son prioridad: vivienda, alimentos y transporte. Te recomiendo que estos gastos no sobrepasen el 50% de tu dinero disponible mensual. Vuelvo con la observación de que todo depende de tu estilo de vida, pero en un promedio este porcentaje es recomendado. Por ejemplo, si dispones de ingresos netos de 2,000 dólares, estos gastos no deben pasar de 1,000 dólares. Te preguntarás, ¿Por qué el 50%? Porque faltan más de ocho categorías de gastos. Si pasa de este porcentaje ya tienes un indicador de que estás viviendo un estilo de vida mayor y seguro termines pagando con deuda el resto de gastos. Necesitas reflexionar sobre tu situación y ver la posibilidad de aumentar los ingresos o disminuir los gastos.

Aquí viene un tema disruptivo con respecto a algunas categorías, por ejemplo: deudas de consumo y educación. ¿Qué hacer con ellas? En tiempos de crisis eso pasa a segundo plano ya que no vas a dejar de comer por pagar deudas, o no vas a dejar de pagar un medicamento por el colegio de los niños. Puede ser algo impactante para ti, pero en una crisis la protección del dinero es fundamental, no hay opción. Continuemos con el resto de categorías.

D. Ahorros

Esta categoría es fundamental para la protección del dinero y te ayudará a cumplir tus sueños sin incurrir en la deuda. Si aún no estás ahorrando, es otro indicador financiero de que necesitas administrar mejor el dinero.

En una crisis, te brinda tranquilidad contar con ahorros para que el golpe económico sea menor.

¿Te das cuenta cómo los números cuentan la historia de una persona? ¡Son maravillosos!

Si aún no tienes el hábito del ahorro, utiliza el banco a tu favor. La mayoría de entidades financieras tienen el ahorro programado y funciona para nuestro beneficio. Tú le indicas a esa entidad cuánto quieres ahorrar al mes y ellos aplican ese descuento. Con este tipo de instrumentos dan unos intereses mínimos, pero no es una estrategia de inversión la que estamos haciendo, sino de preparación para emergencias. Es primordial que inicies a ahorrar, ya que una crisis coloca a cualquier persona en problemas si no cuenta con los ahorros suficientes para hacerle frente. De algo que podemos estar seguros los que vivimos la crisis del COVID-19, es que siempre habrá cosas inesperadas y debemos estar preparados.

Puedes también tener diferentes tipos de ahorro, por ejemplo, fondo de emergencias, vacaciones, inicial de una vivienda, comprar un vehículo, etc. Tú decides con base en tus metas financieras.

Ahorros	Monto
Fondo de emergencias	
Ahorro 1	
Ahorro 2	
Ahorro 3	
TOTAL	

E. Seguros

Los seguros son parte de lo que yo llamo blindaje financiero, así como también son los ahorros. Esto nos ayuda a reducir la incertidumbre económica sobre el futuro. Existen diferentes tipos de seguros: vida, médicos, accidentes personales, deuda, entre otros. Las empresas también deberían de tener seguros contra incendios, robo, responsabilidad civil, impago, transporte, entre otros.

Una de las estrategias que recomiendo, si eres padre o madre de familia, es contar con diferentes tipos de seguros. He visto familias que cuando uno de los miembros principales fallece, no tienen el dinero para un sepelio decente y tienen que ir a buscar dinero prestado. Esto es una total falta de respeto a toda la familia y no es una excusa porque han tenido toda su vida para prepararse.

LOS SEGUROS SON SIEMPRE MÁS ECONÓMICOS QUE LOS PROBLEMAS.

Debes conocer los beneficios de los seguros; necesitas contar con el que se adapte mejor a tu vida. Te recomiendo buscar asesoría de un profesional en la materia. Si la empresa donde laboras te brinda algún seguro y ellos lo pagan, no lo coloques ya que es una prestación de la empresa que no afecta tu bolsillo.

Seguros	Monto
Seguro de vida	
Seguro médico	
Otros seguros	
TOTAL	

F. Salud

Es lo que llaman "la nueva normalidad" post COVID-19 esta categoría se vuelve imprescindible. Aquí vas a anotar los gastos que realices de salud: cita con el odontólogo, medicamentos, lentes de contacto, entre otros. Implementa la estrategia de prorrateo si debes pagar por algo mayor, por ejemplo, si algún miembro de tu familia tiene una operación y puedes programarla, ahorra una parte del porcentaje que debes pagar si posees un seguro. Aplica de igual manera para la compra de unos lentes, equipo médico, entre otros.

Los medicamentos también forman parte de esta categoría. Si tú o un miembro de la familia tiene medicamento permanente, colócalo en la tabla.

La salud es una categoría necesaria, por lo que en una emergencia te ves obligado a hacerle frente de forma inmediata. En esta categoría debes apoyarte con los seguros y ahorros. Muchas personas utilizan deudas para emergencias. Las entidades financieras nos han bombardeado de información con el cuento de que las tarjetas de crédito son para emergencias, pero no es así. Pagar una emergencia con deuda es un costo financiero bastante elevado y si para ti ese costo es caro, para la entidad es una gran ganancia. Lo normal debería ser, contar con un seguro y tener ahorros.

Salud	Monto
Gasto Dentista	
Medicamentos	
Médicos	
Otros gastos de salud	
TOTAL	

G. Vestimenta

Esta es una categoría que la mayoría de las personas no presupuestan y muchos compran de forma impulsiva. También las entidades financieras crean una seria de "descuentos" junto con los almacenes para que gastes más y utilices la deuda. Es tan bueno el negocio de la deuda de consumo que algunos almacenes ya se convirtieron en financieras porque tienen sus propias tarjetas con elevados intereses y departamentos brindando créditos para los artículos. Esto es una ganancia para los almacenes, pero no lo es para ti.

Si tienes hijos pequeños debes presupuestar este gasto todos los meses porque en la etapa de crecimiento la compra es mayor.

Vestimenta	Monto
Zapatos	
Ropa	
Ropa de los hijos	
Otros gastos de ropa	
TOTAL	

H. Deudas de consumo

En el excelente libro *La Transformación Total De Su Dinero*, el autor Dave Ramsey menciona: "la deuda es una manera de obtener el "yo quiero esto" antes de que podamos costearlo", (p.19). Yo le llamo a la deuda de consumo un capricho de los adultos por obtener una gratificación inmediata. Algunas frases de la gratificación inmediata que he escuchado son: "Quiero eso y lo quiero ya", "Yo me lo merezco", "Para esto trabajo", "La vida es una sola", "Ya veré cómo lo pago después". Son frases irresponsables que llevan a que las personas se endeuden. Es preocupante ver cómo muchos trabajan únicamente para pagar deudas y esto se convierte en una prisión por el alto nivel de endeudamiento en el que caen. Pero, voy a dejar el detalle de este tema para otro libro porque es extenso y merece varias páginas de análisis.

Ahora viene uno de los momentos más importantes para el diagnóstico que estás elaborando. La deuda de consumo existe, porque las entidades financieras vieron el gran negocio en una mentira que nos han repetido cientos de veces. Tienen unos presupuestos de publicidad de millones de dólares para decirte que "la deuda es buena y se necesita". Hay un pasaje de la Biblia en Proverbios 22:7 que habla sobre esto: "El rico se enseñorea de los pobres, y el que toma prestado es siervo del que presta". Quién tiene la razón, ¿los banqueros o la Biblia? Te dejo a ti la respuesta.

Vamos a los números. En esta categoría vas a colocar el monto del pago que realices mensual a cada una de las deudas. No es el pago total de la deuda. Los préstamos son montos fijos y créditos revolventes, como las tarjetas de crédito, varían dependiendo el consumo y el pago. Si posees una deuda con una persona en particular también colócalo en esta categoría.

Deudas de consumo	Monto
Tarjeta de crédito 1	
Tarjeta de crédito 2	
Tarjeta de crédito 3	
Préstamo Personal 1	
Préstamo Personal 2	
Préstamo Personal 3	
Otras deudas 1	
Otras deudas 2	
TOTAL	

I. Entretenimiento

Esta es la categoría de los gustitos. Vas a anotar los gastos de restaurantes, cine, conciertos, domicilios de comida, bares, entre otros. Incluye un monto de ahorro para vacaciones o puedes crear otra categoría exclusiva para ello.

Los jóvenes en esta categoría gastan una gran parte de su presupuesto. Debes tener cuidado con estos gastos ya que por un lado se disfruta, y por el otro, en una sola salida, puedes comprometer el resto de las categorías. Recuerda que la clave es el control.

Entretenimiento	Monto
Restaurantes	
Salidas de paseo	
Cine	
Conciertos	
Otros gastos	
TOTAL	

J. Educación

Una vez escuché una frase que decía así: "te pueden quitar todo en la vida, menos el conocimiento". La educación debe estar dentro de tu presupuesto. En esta categoría coloca libros, cursos, diplomados, asesoría financiera, entre otros. Si tienes hijos que dependen económicamente de ti, coloca los gastos que involucran su educación. Por ejemplo: mensualidad de la escuela, libros, materiales de clases, transporte, matricula prorrateada, entre otros. Si tú pagas la universidad, maestría o algún otro curso, de igual manera coloca esos gastos.

Educación	Monto
Libros, cursos, diplomados	
Asesoría Financiera	
Mensualidad de Escuela	
Materiales para clases	
Matrícula	
Universidad	
Otros gastos de educación	
TOTAL	

K. Gastos varios

Son llamados también "gastos hormiga". Su nombre deriva de que son pequeños gastos que se van llevando tu ingreso sigilosamente. Se gasta una gran cantidad de dinero si no se llegan a controlar. Es la categoría que más gastos tiene de todas. Algunos ejemplos son las suscripciones, cafés, maquillaje, peluquería, salón de belleza, celebraciones estacionales, apoyo familiar, cumpleaños, entre otros.

En una ocasión, asesoré a una persona que me expresaba: "Mario, el dinero no me alcanza mes a mes". Cuando alguien me indica eso, lo primero que reviso es esta categoría. Esta persona compraba casi a diario pan dulce, gaseosa, fruta, chucherías y café. Sumaba 4 dólares al día. Trabajaba de lunes a viernes por lo que en la semana son 20 dólares y al mes 80 dólares en este tipo de gastos. Luego, sumé los almuerzos con los compañeros de trabajo y demás gastos sobrepasando los 150 dólares. Estos gastos, así como para muchas personas, se convierten en un obstáculo para obtener éxito financiero. Revisa constantemente esta categoría y haz el reto de disminuirlos, ya que puede ser la diferencia entre tener flujo positivo o negativo mes a mes.

Gastos varios	Monto
Suscripciones 1	
Suscripciones 2	
Deportes	
Manicure y Pedicure	
Peluquería	
Salón de belleza	
Cafés fuera	
Cuotas a clubes	
Dinero Diario	
Aniversarios	
Celebraciones estacionales	
Apoyo familiar	
Otros	
TOTAL	

Ahora, suma cada una de las categorías con la tabla consolidada que te comparto a continuación:

Consolidación	Monto
Vivienda	
Transporte	
Alimentos	
Ahorro	
Seguros	
Salud	
Vestimenta	
Deudas de consumo	
Entretenimiento	
Educación	
Gastos varios	
TOTAL	

Existe una fórmula, que es una pregunta poderosa, y la leí en unos de los libros de Robert Kiyosaki. Esta es una manera rápida para medir la riqueza de una persona con base en el flujo de efectivo, y es la siguiente:

"Si en estos momentos tus ingresos llegaran a cero, ¿Cuánto tiempo puedes sobrevivir?"

CAPÍTULO 8

Prioridades

❝ Muchas personas gastan dinero que no tienen, comprando cosas que no necesitan, para impresionar a personas a las que no les importan."

Will Smith

Este apartado no lo voy a iniciar con algo "inspiracional", si no con algo real y es probable que te mueva de la zona de confort. La mayoría de personas tienen problemas en establecer prioridades porque no se detienen a pensar qué es importante y qué no. Conocer las prioridades ayudará a que obtengas finanzas sanas. En una crisis económica, la retención del dinero es fundamental, para ello, te voy a brindar una fórmula matemática básica:

> **CUANDO LE DAS TUS INGRESOS A OTRA PERSONA ESTÁS RENUNCIANDO A TU FUTURO ECONÓMICO. UN DÓLAR QUE GASTES HOY ES UN DÓLAR QUE TE FALTARÁ EN UN FUTURO.**

Para visualizar la fórmula desde otra perspectiva: Si tienes 100 y gastas 80 te quedan 20. Significa que los 80 ya los tiene otra persona y no van a regresar a tu bolsillo, punto. Otras personas tienen 100 y gastan 80 pero deben 40, no les queda nada y están quebrados.

En la vida cotidiana tenemos una cantidad de cosas por hacer como alimentarnos, trabajar, llevar a los hijos a la escuela, compartir con la familia, etc. De igual forma, esta cantidad de tareas impactan a nivel financiero: pagar alimentos, transporte, educación, facturas, servicios básicos, entre otros. Al no establecer un orden de prioridades, lo más probable es que termines gastando en cosas que no son del todo necesarias.

La mayoría de las decisiones de compra que se hacen diariamente son de forma inconsciente. Las personas creen que tienen el control porque deciden pagar, pero no es así. El pago es solo la acción. Las marcas estudian muy bien al consumidor y tienen personas expertas en influenciar en las decisiones. Te daré un ejemplo:

Las cadenas de comida chatarra utilizan esta estrategia. Existe una empresa en particular, muy buena en la venta y servicio al cliente de pizzas. En el momento en que llamas, tienen registrado tus datos y te saludan con el apellido de la familia. Aquí ya van influyendo porque tienes ese sentimiento de "esta empresa me conoce bien". Luego, sin que tengas el tiempo de decir una sola palabra, te mencionan la promoción del día. Un grupo de clientes acepta de inmediato y en cuestión de un minuto, ya gastaron 25 dólares. Otro grupo pregunta si cuenta con alguna oferta adicional. La persona de servicio al cliente pregunta: ¿Cuántas personas son las que van a disfrutar del banquete? El cliente responde. Luego le brindan esa oferta con base en el número de personas, oferta que la empresa ya tiene lista por medio de los múltiples estudios de miles de dólares que hacen al año. Al final, la gran mayoría acepta.

Te pregunto: ¿Quién crees que decidió la compra? Antes de responder, piensa bien. La decisión de compra la tomó la misma empresa y solo influyó en un par de palabras para que entregaras el dinero. En todo ese proceso de venta, la frase más larga que expresaste fue indicar el medio de pago con el que realizaste la transacción. Pero toda la compra la decidió la empresa, no tú.

Es por eso que se vuelve fundamental una pregunta que te hará tomar conciencia antes de realizar un gasto: ¿Lo quiero o lo necesito? Esta es una de las preguntas más poderosas antes de tomar una decisión de compra.

ESTABLECER PRIORIDADES TE BRINDA UNA VENTAJA MUY GRANDE PARA TENER ÉXITO FINANCIERO.

Cuando las personas no hacen esta diferencia, terminan comprando cosas que no necesitan y dan paso a la deuda. Así como los anuncios de comprar en cuotas o tasas sin intereses, son deudas que incrementan tu gasto fijo mes con mes.

En una ocasión, fui a un supermercado en el mes de noviembre donde iniciaba el famoso *Black Friday* que los almacenes latinoamericanos han copiado bastante bien de los estadounidenses. En México le llaman "El Buen Fin", probablemente porque es "el buen fin de tu inteligencia financiera". El mayor problema es que en nuestros queridos países latinos llegan al punto de la exageración. Una cadena famosa de supermercados inicia una semana antes de noviembre para adelantarse de manera estratégica a su competencia.

Lo que más me impactó fue observar a algunas personas llevando en sus carretas más de tres televisores por familia. Otras personas comprando computadoras y otros artículos. Me coloqué detrás de caja para observar la forma de pago de las personas. Impresionante que el 70% o más pagaron con tarjetas de crédito.

Algunas personas podrán decir: "Mario, pero es que yo necesito ese televisor; me merezco ese gusto". Sí, claro. Comprar algo que nos gusta nos hace sentir bien, el problema es comprar primero gustos y luego necesidades. Si el dinero te sobra, tienes un plan de pensión, fondos de emergencia, está bien darse el gusto. No es que aliente a que tengas una austeridad extrema. Recomiendo que vivas la vida siendo fiel a ti mismo. Recuerda que este es un libro para salir de una emergencia financiera y si estás en una situación complicada, merece el esfuerzo resolverla primero.

Justificar una compra es una de las excusas que las personas "quebradas financieramente" hacen de forma regular. Estas son compras emocionales justificando de forma "racional" con una oferta. No justifiques esas compras como estrategia financiera solo porque en el anuncio decía "cuota sin intereses". Es probable que esos artículos tengan un aumento de precio y escondan el interés. Este dato lo podrás comprobar en las oficinas de defensa al consumidor de tu país y podrás observar la cantidad de almacenes que suben sus precios unos meses antes, para luego en el mes de la oferta "bajarlo".

Préstame toda tu atención en lo que a continuación te diré, porque es importante para que derribes la mentira de comprar en cuotas:

EL MISMO ESFUERZO QUE TOMA PAGAR CUOTAS MES A MES ES EXACTAMENTE EL MISMO QUE TOMA AHORRAR.

En algunos almacenes obtienes un descuento pagando el artículo en efectivo y en un solo pago.

Para revertir esta justificación es indispensable que cuentes con un plan. En una crisis financiera que puede ser: disminución de ingresos, aumento de gastos, alto nivel de endeudamiento, entre otros, necesitas tener claro cuáles son tus prioridades para atravesar la crisis. Una vez pases esta prueba puedes continuar con tus "gustitos" pero ahora, estás en emergencia.

Estrategia para establecer prioridades

Establecer prioridades va acompañado de los objetivos de vida. Para constituirlas, necesitas comprender que no todas las tareas tienen el mismo nivel de importancia. No todas tienen la misma urgencia o costo y no deben ocupar el mismo tiempo de aplicación.

La falta de prioridades puede hacer que una tarea quede atascada en el tiempo y el objetivo se deja a un lado perdiendo así el enfoque. He conocido docenas de emprendedores que por falta de prioridades sus negocios fracasan. Tratan de hacer de todo, y al final, terminan haciendo nada. Mucho tiempo perdido y pocos resultados.

Dispones de una cantidad limitada de energía y recursos para lograr los objetivos financieros, por lo que debes preguntarte: ¿Qué gastos debo realizar en los próximos días? ¿Cuáles en la próxima semana? ¿Cuáles pueden esperar un poco más y cuales no debes realizar? Planificar las prioridades se convierte en una herramienta clave para que obtengas finanzas sanas.

Te comparto una lista sobre las cosas que desde mi perspectiva son prioridades, y las que no, cuando te encuentras en un reto financiero. Una vez más tengo que hacer la aclaración de que depende de tu estilo de vida, ingresos y fondos de emergencia de los cuales dispongas para afrontar la crisis.

PRIORIDADES	NO PRIORIDADES
Pago de vivienda	Restaurantes
Servicios básicos	Chucherías
Alimentos	Salón de belleza
Medicamentos	Salidas con amigos
Transporte	Cines
Seguro médico	Suscripciones
Educación	Asistentes del hogar
Fondo de emergencia	Cumpleaños
Salud	Viajes

Quiero agregar otros eventos que no son prioridad y donde las personas se tienden a confundir cuando están en una emergencia financiera y el dinero se les va de las manos:

- La víspera de Navidad
- Black Friday
- Cyber Monday
- El regalo de cientos de dólares pagado con deuda para una boda
- La apertura de una nueva cafetería
- El lanzamiento de un teléfono
- La nueva computadora

Haz tu propia tabla con base en las prioridades adicionales que tengas. Las prioridades pueden ir cambiando en el tiempo, lo importante es identificarlas. Revisa esta información de forma periódica y ajusta de ser necesario.

PRIORIDADES	NO PRIORIDADES

CAPÍTULO 9

Decisión de pago de deudas

> *Hay dos formas de conquistar y esclavizar una nación. Una es a través de la espada y otra es a través de la deuda."*
>
> John Adams

Esta es otra de las preguntas más frecuentes en las charlas y asesorías que imparto:

- Mario ¿qué deudas pago en una crisis financiera?

Mi respuesta es:–Depende.

Es tentador el uso de la deuda, sobre todo de la tarjeta de crédito porque es dinero con disponibilidad inmediata, convirtiéndose de esta manera, en uno de los grandes problemas de este instrumento.

LA TARJETA DE CRÉDITO GENERA UNA FALSA SENSACIÓN DE TENER DINERO; PORQUE NO ES DE TU PROPIEDAD, ES DEL BANCO Y DEBES PAGARLO.

Acumulando más deuda no se sale del problema, sino que se hunde más, así como las arenas movedizas, si te mueves con desesperación solo provocas quedarte atrapado. Menciono esto porque muchas personas buscan adquirir dinero con deuda, dada que esa fue la recomendación del banquero. Querer solucionar un problema de endeudamiento con una consolidación o un extra financiamiento es enmascarar un problema.

Antes de continuar, quiero brindarte algunas definiciones con respecto a la deuda:

Deudor: es la persona física o jurídica que está obligada al cumplimiento de una prestación económica y que responde de ellos con su patrimonio presente y futuro. En otras palabras, es quien debe.

Acreedor: es la persona física o jurídica que tiene derecho a exigir el cumplimiento de una prestación económica a otra persona. En otras palabras, es al que le deben.

En el momento de una crisis financiera, es importante que te pongas en contacto con los acreedores para informarles sobre tu situación y empezar a negociar. Un gran número de personas esperan hasta que la situación sea insostenible generando altas tasas de intereses moratorios, por lo que te recomiendo hacerlo cuanto antes. Una premisa que debes conocer es la siguiente:

TODOS LOS ACREEDORES QUIEREN COBRAR SUS PRÉSTAMOS. ASÍ COMO TÚ ESTÁS INTERESADO EN PAGAR, ELLOS TAMBIÉN EN RECUPERAR. ESTA ES UNA NEGOCIACIÓN DE AMBAS PARTES INTERESADAS.

Con el análisis de los capítulos anteriores obtienes una idea clara de cuánto puedes pagar y crear un plan que se adapte a la situación.

De igual manera, conocer el monto adeudado a la fecha es muy importante. Para esto te comparto una herramienta. Ingresa a mi página web para obtenerla: **https://mariofinanciero.com/herramientas-finanzas-sos/**

A continuación, te comparto 5 preguntas poderosas que debes hacerte para priorizar el pago de las deudas.

1. ¿A quién se le paga primero?

Desde el punto de vista legal y también de valores, estás obligado a pagarle a todos tus acreedores. Si no puedes pagar la cantidad de dinero mínima de cada cuota, debes tomar decisiones. Una de las malas recomendaciones que hacen las personas con poca inteligencia financiera es dividir los pagos en una misma parte a cada acreedor. A simple vista podría parecer lógico, pero no funciona porque cada uno debe estar de acuerdo en reducir la cantidad y extender el pago. En este caso la medicina puede ser peor que la enfermedad.

Otro elemento a considerar son las prioridades, por ejemplo: el pago de la vivienda es más importante que el de un televisor. Razón por la cual establecer prioridades te ofrece seguridad.

2. ¿Qué podrá afectar la seguridad de mi familia?

Como te enseñé anteriormente, las categorías de vivienda, alimentación, transporte, seguros y salud son prioridades. Si en estas categorías tienes deudas, sobre todo la hipoteca, mantén el pago al día para evitar problemas con las entidades financieras o en el peor de los casos, ser desalojado.

El transporte es una prioridad ya que necesitas movilizarte para generar ingresos, a menos que tengas ingresos pasivos o puedas trabajar desde casa.

Si atrasas estos pagos es más fácil que lo embarguen, por lo que puede estar en riesgo perder tu ingreso o gastar más dinero en otro tipo de transporte. Las personas que trabajan en el área de ventas, el vehículo se vuelve una herramienta indispensable. De igual manera, continúa pagando el seguro de la vivienda o del auto, recuerda la frase sobre los seguros "son más baratos que los problemas".

He visto algunas personas mal informadas en estos temas que dejan de pagar seguros. En una crisis se vuelve un gran aliado para proteger el dinero. Si alguien en tu familia se enferma y no cuentas con un seguro, los gastos podrían ser elevados afectando aún más la situación económica. Revisa también los seguros por deuda que ya pagas mes a mes en algunos créditos. En la pérdida de un empleo o una reducción de ingresos, puedes utilizarlos para evitar el impago.

3. ¿Cuál es el monto total de endeudamiento?

Conocer el monto total de las deudas te ayudará a establecer con base numérica las prioridades y evaluar el tiempo que te tomará pagar. Es importante recalcar lo siguiente:

PAGAR UNA DEUDA TE LIBERA EFECTIVO DISMINUYENDO EL GASTO FIJO MENSUAL, EN OTRAS PALABRAS, OBTIENES LIQUIDEZ.

Si tienes una pequeña deuda, por ejemplo, de un televisor y te faltan unos meses para terminar de pagar, evalúa el flujo de efectivo para adelantar algunos pagos y así liquidar ese préstamo. Liberarte de algunas deudas te brindará mayor tranquilidad. Te comparto a continuación un cuadro que puedes usar como herramienta para anotar la información.

Agrupa las deudas de acuerdo con la cantidad de dinero que debes de menor a mayor, no del monto que pagas mes a mes. Ingresa a mi página web para obtener la herramienta en digital: **https://mariofinanciero.com/herramientas-finanzas-sos/**

Nombre de la deuda	Monto adeudado a la fecha	Tasa de interés anual	Pago mensual

4. ¿Qué podrías perder si esa deuda no es pagada a tiempo?

Esta es una pregunta que no debes obviar. Algunas cosas podrían ser embargadas, por ejemplo, artículos del hogar, vehículos, incluso una propiedad. Revisa el contrato y verifica si cuentas con seguro de deuda.

Si posees algún artículo con deuda que no es una necesidad y solo un "gustito personal" deberías prescindir de ello vendiéndolo para liquidar la deuda. He visto a personas que se aferran a autos de lujo y equipos del hogar, perdiendo una gran cantidad de dinero intentando pagar.

Apóyate también de un abogado de confianza. Algunos artículos por ley, dependiendo el país, no pueden ser embargados. Es lamentable que algunas entidades poco éticas utilizan la manipulación y la ignorancia de las personas a su favor para confiscar cosas y recuperar el dinero lo más pronto posible. Asesorándote de un profesional obtienes información que te brindará seguridad y herramientas para defenderte contra este tipo de entidades.

5. ¿Qué hacer con las tarjetas de crédito y la consolidación de deudas?

Iniciemos con la tarjeta de crédito. Esta es la herramienta financiera más costosa para ti como consumidor dentro del mercado financiero formal. Si eres de los que pagan el mínimo del estado de cuenta, vas a mantener tu récord crediticio, pero se extenderá el tiempo para pagar el total de la deuda y los intereses serán elevados. Si puedes continuar pagando, crea una lista comparativa entre distintas entidades financieras para buscar una mejor tasa de interés y migrar la deuda a otra entidad. Aprovecha esta estrategia que tienes como cliente y apaláncate de la competencia de entidades financieras para conseguir mejores beneficios.

En paralelo a estas estrategias, necesitas hacer algo importante y lo voy a resaltar:

YA NO SIGAS CONTRAYENDO MÁS DEUDA.

En una situación financiera complicada no debes incrementar la deuda. Se nos ha hecho creer que la tarjeta de crédito es para emergencias y esto no es así. Para emergencias son los seguros y los ahorros. Podrás decirme: "Mario, pero lo único que me queda disponible es una tarjeta de crédito". Si este es tu caso, es un indicador que debes implementar las estrategias de este libro urgentemente. Además, pagar con deuda es dilatar el problema, puesto que no es sostenible.

VIVIR A CRÉDITO TIENE UN LÍMITE Y ES DEMASIADO COSTOSO.

Con respecto a la consolidación de deudas, he buscado definiciones en varias entidades financieras pero lo que he encontrado es muy optimista a lo que en realidad es. Claro, a ellos les conviene que tú lo creas así. A mí me gusta ser objetivo y me baso en los números, por lo que te daré mi punto de vista.

La consolidación de deudas es combinar todos o una parte de tus deudas en un solo préstamo. A simple vista puede parecer atractivo, pero debes conocer toda la información antes de tomar la decisión. La cuota mensual a pagar será menor por dos factores: menor tasa de interés anual y un mayor plazo. A mayor plazo disminuye la cuota mensual, pero terminas pagando más intereses al finalizar el período. Esto se lo venden las entidades financieras a las personas que les cuesta trabajo pagar la cuota mensual y buscan un remedio a corto plazo, pero muy costoso a largo plazo.

Voy a mencionarte algunas ventajas y otras desventajas para ser objetivo y puedas tomar la mejor decisión:

Ventajas: el monto a pagar mensual es menor, por lo que logras liquidez. Si tienes muchos créditos, por un tema mental, te puede ayudar administrando una sola deuda.

Desventajas: para que el monto de pago mensual sea menor, el tiempo de crédito se debe alargar, y a mayor plazo mayor interés.

LA CONSOLIDACIÓN DE DEUDA ENMASCARA UN PROBLEMA PORQUE LA DEUDA TOTAL SIGUE AHÍ.

En la mayoría de nuestros países latinoamericanos, se maneja una forma de cobrar los intereses en los préstamos. Al dinero que se pidió prestado, que es el capital, se le suman los intereses y los mismos se pagan en mensualidades, proporcionando para cada pago una mezcla de capital e interés.

Puedes observar el siguiente gráfico:

SISTEMA FRANCÉS

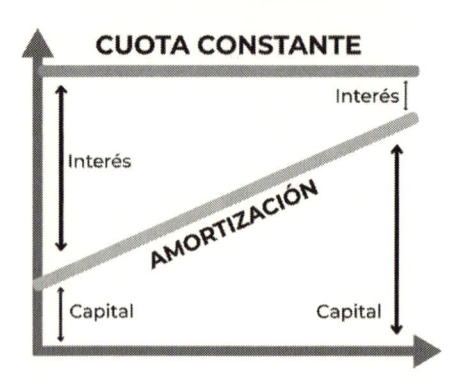

CUOTA CONSTANTE

Interés

Interés

AMORTIZACIÓN

Capital

Capital

https://www.navascusi.com/tipos-de-amortizacion-del-prestamo-hipotecario-y-la-directiva-9313cee/

Al inicio del préstamo la mayor parte del pago son intereses. La arquitectura financiera con la ayuda de las matemáticas hace que se divida los pagos de tal manera que, en las primeras mensualidades, se pague más intereses y muy poco capital.

Esto significa que, con una consolidación de deudas inicias todo este proceso desde cero; en otras palabras, los intereses de las deudas anteriores se *regalaron*.

Por esta razón es importante que antes de tomar una decisión financiera puedas realizar los cálculos y evaluar si estás dispuesto a absorber el costo financiero y la obligación del tiempo.

Mi última recomendación es que tengas cuidado con lo que firmas y compara varias opciones antes de tomar la decisión. No caigas en la presión de los vendedores bancarios diciendo que es una oportunidad única ya que ellos ganan comisión y necesitan cumplir la cuota de ventas. La presión es parte de su estrategia comercial; la paciencia y la información es tu estrategia.

Un método sencillo y poderoso para liquidar deudas

Este fue el método que a mí me ayudó a salir del problema. La técnica se enfoca en nuestro beneficio no en el de un tercero y se liquidan las deudas en un menor tiempo. Se llama la estrategia "bola de nieve" y se le atribuye al autor Dave Ramsey. Se le llama de esa manera, porque una vez que liquidas una deuda acumulas ese pago a la siguiente logrando mayor fuerza y dinero. Al igual que una bola de nieve bajando por una ladera, la nieve se acumula y la bola aumenta su tamaño. A esta estrategia se le suma también otro punto fundamental que es la motivación; consigues pequeñas victorias rápidas pagando la deuda en un menor tiempo y cuando uno se encuentra en una situación complicada, créeme que necesitas este tipo de logros.

Te muestro paso a paso cómo funciona.

1. **Haz una lista de las deudas de menor a mayor**

    Apóyate de la lista de deudas que realizaste en la herramienta anterior ya ordenadas de menor a mayor. Recuerda que es de la deuda total no del pago mensual. En esta estrategia el enfoque no es el menor pago de interés, sino liquidar las deudas en el menor tiempo posible.

Puede que con esta estrategia en algunas deudas pagues más intereses, pero el mayor beneficio es la motivación de que sí puedes eliminar deudas. Y una vez liquidas la primera, la segunda es más fácil.

2. **Decide el monto del pago extra**

Para que este método funcione debes contar con flujo de efectivo positivo o dinero adicional para realizar un pago extra en la primera deuda a liquidar. Observarás en el ejercicio que el monto extra es único, luego la bola de nieve crece por medio de la acumulación de montos de las deudas ya pagadas.

3. **Ataca las deudas menores**

Debes convertirte en un "aniquilador de deudas" y cualquier cantidad adicional de dinero que llegue a tu bolsillo utilízalo para este pago. Con el resto de las deudas, paga el mínimo para cuidar la calificación de crédito. Enfoca todo tu esfuerzo en pagar lo más pronto la de menor monto. En las cosas en las que te enfocas son en las que ganas y eso es poder.

4. **Que empiece a rodar la bola de nieve**

Una vez que la deuda más pequeña se ha pagado, toma ese monto y lo pasas a la próxima deuda siguiendo el orden de menor a mayor. Esto hace que el monto de pago para la siguiente deuda acumule dinero y aquí inicia lo bueno. En esta segunda deuda empiezas a pagar más del mínimo acortando el tiempo. Una vez la segunda deuda se pague, realiza lo mismo para la tercera acumulando el pago uno y dos.

La disciplina es primordial para lograr el objetivo del plan, sobre todo al inicio. El primer paso es el que tiene un mayor desafío, pero una vez lo hagas, se vuelve un hábito. Si algún miembro de tu familia o amigo te dice lo contrario, pídele pruebas de un método diferente y si funciona mejor, envíame un mensaje por medio de la página web: **www.mariofinanciero.com** y me cuentas.

CAPÍTULO 10

Ajuste de emergencia

> " Nada es tan fuerte y seguro en una emergencia de la vida como la simple verdad".
>
> Charles Dickens

El conocimiento de una situación es totalmente inútil si se carece de capacidad o voluntad de actuar para corregirla. El ajuste de emergencia es poner en acción los planes elaborados. Ahora que ya cuentas con un diagnóstico, lista de prioridades y decisiones de pago de deudas, es momento de realizar los ajustes.

En esta sección observa los datos ajustados sobre el dinero que proyectas gastar en cada categoría que se ha colocado como prioridad. Obtendrás el detalle del costo de la emergencia mensual para proteger los ingresos. Proveerás a tu familia de los insumos necesarios para atravesar esta situación.

Una estrategia poderosa que te ofrezco en este capítulo es utilizar la información como un indicador, comparando el costo anterior de tu estilo de vida con el actual. Estoy seguro de que te sorprenderá la gran cantidad de recursos que se desperdician en cosas que no son importantes y que tampoco generan dinero.

Voy a realizar dos ejemplos como comparación: uno con flujo de efectivo negativo y el otro positivo para que visualices la diferencia entre cada uno. Utiliza las herramientas para registrar tu situación financiera.

Tabla #1: Ejemplo flujo de efectivo NEGATIVO:

INGRESO MENSUAL	USD 2,000
Vivienda	USD 600
Transporte	USD 200
Alimentos	USD 300
Ahorro	USD 100
Seguros	USD 70
Salud	USD 30
Vestimenta	USD 60
Deudas de consumo	USD 250
Entretenimiento	USD 300
Educación	USD 100
Gastos varios	USD 200
TOTAL GASTO	USD 2,210

Tabla #2: AJUSTE DE EMERGENCIA:

INGRESO MENSUAL	USD 2,000
Vivienda	USD 600
Transporte	USD 100
Alimentos	USD 225
Ahorro	USD 0
Seguros	USD 70
Salud	USD 60
Vestimenta	USD 0
Deudas de consumo	USD 250
Entretenimiento	USD 50
Educación	USD 100
Gastos varios	USD 50
TOTAL GASTO	USD 1,505

En la tabla #1 antes del ajuste, el flujo de efectivo es negativo gastando más dinero del que se genera:

INGRESO MENSUAL	USD 2,000
GASTO MENSUAL	USD 2,210
FLUJO DE EFECTIVO	USD -210

Con el ajuste de la tabla #2, he hecho una reducción de gastos inmediatos, suponiendo que sea el primer mes de la emergencia. Se puede ir ajustando mes con mes a medida que logres establecer algunas estrategias de pago que te he recomendado en los capítulos anteriores.

En el ajuste lo primero que controlé es la perdida de dinero. En una emergencia financiera se necesita flujo positivo. Las categorías que son los "gustitos" las he reducido de manera considerable para lograr nuestro propósito. La categoría de salud la he aumentado como estrategia de protección. Los gastos de vivienda, seguros, deudas y educación los he mantenido con el mismo monto. Con la categoría de educación si es una emergencia grande se puede evaluar reducirla. La consolidación del ajuste queda de la siguiente manera:

INGRESO MENSUAL	USD 2,000
GASTO MENSUAL	USD 1,505
FLUJO DE EFECTIVO	USD 495

Ahora te muestro un ejemplo cuando en la situación actual se cuenta con flujo de efectivo positivo:

Tabla #3: Ejemplo flujo de efectivo POSITIVO:

INGRESO MENSUAL	USD 2,000
Vivienda	USD 600
Transporte	USD 100
Alimentos	USD 250
Ahorro	USD 100
Seguros	USD 70
Salud	USD 30
Vestimenta	USD 60
Deudas de consumo	USD 200
Entretenimiento	USD 250
Educación	USD 100
Gastos varios	USD 150
TOTAL GASTO	USD 1,910

Tabla #4: AJUSTE DE EMERGENCIA:

INGRESO MENSUAL	USD 2,000
Vivienda	USD 600
Transporte	USD 100
Alimentos	USD 250
Ahorro	USD 50
Seguros	USD 70
Salud	USD 60
Vestimenta	USD 0
Deudas de consumo	USD 200
Entretenimiento	USD 50
Educación	USD 100
Gastos varios	USD 50
TOTAL	USD 1,530

En la tabla #3 antes del ajuste, el flujo de efectivo es positivo, lo que significa que se gasta menos dinero de lo que ingresa. Esto te brinda *músculo financiero* ya que inicias el siguiente mes con 90 dólares positivo. Otra característica en este ejemplo la persona cuenta con 100 dólares de ahorro mensual.

INGRESO MENSUAL	USD 2,000
GASTO MENSUAL	USD 1,910
FLUJO DE EFECTIVO	USD 90

Ahora te muestro el detalle del ajuste de la tabla #4. Al igual que en el ejemplo anterior, he hecho una reducción de gastos inmediatos.

Al obtener flujo de efectivo positivo, se cuenta con 90 dólares por lo que esto se debe sumar a los ingresos quedando con 2,090 dólares -nota la fuerza con la que se inicia el mes con flujo positivo-. Las categorías que son los "gustitos" las he reducido y la categoría de salud la aumento como estrategia de protección. Los gastos de vivienda, seguros, deuda y educación los he mantenido con el mismo monto. La educación si es una emergencia grande se puede reducir. Al ahorro le hice una reducción para no detenerlo y seguir acumulando.

La consolidación del ajuste queda de la siguiente manera:

INGRESO MENSUAL	USD 2,090
GASTO MENSUAL	USD 1,530
FLUJO DE EFECTIVO	USD 560

Te comparto la herramienta para que coloques tus números.

Situación actual

INGRESO MENSUAL	
Vivienda	
Transporte	
Alimentos	
Ahorro	
Seguros	
Salud	
Vestimenta	
Deudas de consumo	
Entretenimiento	
Educación	
Gastos varios	
TOTAL GASTO	

Ajuste de emergencia

INGRESO MENSUAL	
Vivienda	
Transporte	
Alimentos	
Ahorro	
Seguros	
Salud	
Vestimenta	
Deudas de consumo	
Entretenimiento	
Educación	
Gastos varios	
TOTAL GASTO	

CAPÍTULO 11

Control del dinero

"Cash is King."

Anónimo

Esta frase en español significa: "el efectivo es el rey" y se refiere a la importancia de contar con flujo de efectivo positivo en las finanzas personales. Esto no es únicamente la producción de ingresos, sino la retención del dinero. El flujo de efectivo es la diferencia entre los ingresos menos los gastos en un período de tiempo. El objetivo del flujo de efectivo es suministrar información para valorar la capacidad de la persona y/o familia en generar efectivo y conocer la distribución de los gastos en un periodo de tiempo.

En una ocasión brindé apoyo como asesor a una empresa y participando en una sesión con el dueño, gerente y contador, estaban entusiasmados con el rendimiento de la compañía por las ventas y utilidad a final del año. Revisando los estados financieros, iniciando por el balance general, observé que tenían una cantidad significativa de dinero en inventario y cuentas por cobrar. Lo que esto significa es que el dinero se encontraba estacionado. Elaboré los cálculos de los miles de dólares que tenían congelados en esas dos cuentas. Al dueño no le duró mucho la emoción. Le expliqué que estaba sacrificando el flujo del dinero por las estrategias comerciales. Aclaro que las ventas son de vital importancia logrando que una empresa se sostenga, pero como dueño, debe ver la empresa de forma integral. Estás demasiado ocupado cortando árboles que olvidaste afilar la sierra, diría el maestro Stephen Covey.

Las compras de mercadería no se hicieron de forma estratégica porque estaban enfocados en vender, descuidando la rotación del inventario y los créditos a los clientes. Se cumplieron los objetivos de ventas, pero con menos dinero para la empresa. La estrategia inicial para los siguientes meses fue reducir el inventario sin sacrificar la disponibilidad, revisar los procedimientos de compra y disminuir los saldos de las cuentas por cobrar para recuperar ese dinero estancado. Para los emprendedores que lean estas líneas, así es como una empresa se fortalece: cuando genera ventas, ganancia y flujo de efectivo.

Al igual que a esta empresa, les sucedió a muchas personas con la crisis del COVID-19. Salieron a comprar una gran cantidad de provisiones sin pensar en el flujo de efectivo.

COMPRAR EN GRANDES CANTIDADES EN UNA CRISIS FINANCIERA LO ÚNICO QUE PROVOCARÁ ES GASTAR EL DINERO PONIENDO EN RIESGO LA ECONOMÍA FAMILIAR.

La Ley de Parkinson enunciada por el británico Cyril Northcote Parkinson afirma que: "el trabajo se expande hasta llenar el espacio disponible para que se termine". En economía sería "la demanda se expande para igualar a la oferta". Lo que quiere decir es que cuanto más tenemos de algo, más lo consumimos. Aplicado a las finanzas se puede decir que:

LOS GASTOS SE EXPANDEN HASTA LLENAR EL ESPACIO DE LOS INGRESOS.

Por esta razón es que un aumento de dinero no resolverá todos tus problemas financieros, porque al aumentar los ingresos se incrementan los gastos y en muchos otros casos hasta las deudas. Apliquemos a la deuda una vez más la ley: "Los gastos aumentan hasta cubrir toda la capacidad de crédito disponible" y esto sí es un problema mayor.

Comprender esta ley es fundamental para que tengas éxito financiero. Enfocarse únicamente en los ingresos e invertir una gran cantidad de recursos para obtenerlos, no lo es todo. Esta es la primera parte de la ecuación en las finanzas personales, y así como en una empresa, la administración financiera debe ser integral. Sería igual a tener un automóvil y centrarte únicamente en obtener combustible, pero el auto también necesita que verifiques otros aspectos: los neumáticos, batería, lubricante, entre otros. Puedes tener el auto con el tanque de combustible completo, pero si uno de los neumáticos se desinfla el auto debe disminuir su velocidad.

SI TE ENFOCAS ÚNICAMENTE EN LOS INGRESOS Y DESCUIDAS EL GASTO, TUS FINANZAS SE VOLVERÁN LENTAS.

A continuación, respondo a la gran pregunta: ¿Cómo controlo el plan? Te recomiendo leer varias veces la estrategia y realizar los ejercicios. Esta es la mejor herramienta para el control del dinero. Aprender a utilizarlo será la diferencia entre llegar o no con dinero a fin de mes.

Personalmente prefiero lo simple y funcional. Muchas personas se vuelven especialistas en complicar las cosas y por eso desperdician grandes cantidades de recursos en hacer que algo funcione bien. Si posees una herramienta que sea sencilla de utilizar, que hasta un niño de diez años pueda manejar, se vuelve algo poderoso.

Para el control del dinero establezco cuatro períodos por mes, logrando un mejor dominio del flujo de efectivo. Un error que he detectado es cuando las personas en alguna semana del mes se quedan sin dinero. Esto se debe a que tienen mayores gastos en ese período y no lo han observado. Te brindo un ejemplo: Los pagos de alquiler o hipoteca, alimentos, deudas de consumo y servicios básicos están en la primera semana del mes. El dinero recibido, considerando que paguen quincenal, debe durar dos semanas, por lo que si en la primera se compromete el mayor porcentaje será un gran reto para la siguiente. La mayoría de esos gastos a los que hice mención, son fijos.

¿Qué sucede con las siguientes semanas? Vienen otros gastos pequeños, así como los gastos hormiga que, pagando con deuda, afectaría aún más la economía familiar.

Permíteme ilustrarte esto con números:

Detalle semanas	Semana 1	Semana 2	Semana 3	Semana 4	Saldo Final
Saldo Inicial	$0	-$100			
Ingreso lineal					
Comisiones, bonos, etc.					
Disponible inicio de fecha	$1,000				
GASTOS					
Vivienda	$600				
Alimentos	$150				
Transporte	$50				
Salud					
Gastos varios					
Ahorro y seguro					
Deudas consumo	$100				
Entretenimiento	$200				
Ropa					
Educación					
Otros gastos					
TOTAL GASTOS	$1,100				
SALDO FINAL	-$100				

Observa que en la semana 1 el gasto 1,100 dólares es mayor al ingreso de 1,000 dólares, iniciando la semana 2 con flujo de efectivo negativo (-100 dólares). Obteniendo esta información, es donde surge la siguiente pregunta: ¿Cómo voy a pagar los gastos de la siguiente semana?

Algunas personas suelen decir esta frase: "Tengo cubierto los gastos importantes, no voy a gastar en los siguientes días" y...sorpresa: una cartera en oferta, cumpleaños de un compañero de trabajo, café con los amigos, compras de la escuela de los hijos, entre otros. Luego pagan con la tarjeta de crédito, adelantan salario, prestan dinero a un familiar, entre otras cosas; complicando aún más la situación financiera.

Por esta razón, he insistido en estas páginas de la importancia de proteger el dinero, sobre todo en una crisis económica.

Te comparto el formato de control del flujo del dinero para que puedas elaborar los números en esta misma hoja. Con el libro en digital ingresa a mi página web y podrás obtener la herramienta digital:

https://mariofinanciero.com/herramientas-finanzas-sos/

TABLA DE CONTROL DEL DINERO

PERÍODOS	1 al 7	8 al 15	16 al 23	24 al 31	Saldo Final
(1) SALDO INICIAL					
Ingreso lineal					
Comisiones, bonos, etc.					
Ingresos de mi negocio					
Ingresos pasivos					
(2) DISPONIBLE AL INICIO DEL PERÍODO					

PERÍODOS	1 al 7	8 al 15	16 al 23	24 al 31	Saldo Final
(3) GASTOS					
VIVIENDA					
Alquiler / Hipoteca					
Electricidad					
Celular / Internet					
Agua					
Gas					
Seguridad y Mantenimiento					
Otros					
ALIMENTOS					
Supermercado					
Mercado					
Artículos					
Otros					
TRANSPORTE					
Pago de vehículo					
Combustible					
Otros					
SALUD					
Medicamentos					
Otros					

GASTOS VARIOS				
AHORRO Y SEGURO				
DEUDAS CONSUMO				
ENTRETENIMIENTO				
ROPA				
EDUCACIÓN				
OTROS GASTOS				
TOTAL GASTOS				
(4) SALDO FINAL				

A continuación, explico los elementos en detalle de la tabla de control del dinero.

Vamos a dividir el mes en cuatro fechas o períodos, y estos son:

- Período 1: del 1 al 7

- Período 2: del 8 al 15

- Período 3: del 16 al 23

- Período 4: del 24 al 31

Son períodos, no semanas. Mario, ¿por qué no en semanas? La razón es porque hay meses de cinco semanas y ahí el flujo de efectivo se verá afectado. Así es como la mayoría de las personas actualmente administran sus finanzas, y al haber una semana adicional se quedan sin dinero. En tiempos de emergencia financiera se deben maximizar los recursos.

Las fechas son independientes a la semana en que recibes el ingreso. La herramienta se adapta a distintas labores ya sea si eres empleado, profesional independiente, estudiante, dueño, pensionado, recibes dinero de otra persona, entre otros.

En una ocasión trabajé con una empresa que cambió el sistema de pago a sus empleados de dos veces al mes a uno. Desarrollé un programa de educación financiera para ellos. La empresa por años había pagado de esa manera y las personas estaban con la incertidumbre de que el dinero se podía gastar rápidamente al cambiar a un solo pago. ¿Te recuerda este ejemplo a lo que hemos estudiado en páginas anteriores? La ley de Parkinson.

En el transcurso del programa enseñé un método parecido al que voy a mostrarte. Sus miedos desaparecieron ya que comprobaron la gran ventaja que es recibir el dinero completo. Trabajamos con este equipo sobre la administración para maximizar sus recursos.

En el ejemplo de la tabla *Control del dinero* observa que he colocado algunos números en paréntesis como guía. Te doy el detalle a continuación:

(1) Saldo inicial. Este es el dinero con el que inicias el período, que es el final de la fecha anterior. Por ejemplo: el saldo final del mes de abril es el inicial de mayo; el saldo final de la fecha 1 es el inicial de la fecha 2, y así sucesivamente.

Cuando menciono saldo final significa la diferencia entre el ingreso de ese período y los gastos.

(2) Ingreso disponible al inicio del período. Es la suma del saldo inicial y los ingresos en ese período de tiempo. Este es el dinero que dispones para gastar.

(3) Gastos. Son todas las salidas de dinero en el período de análisis. He colocado en detalle las categorías más importantes en una crisis financiera para que el dinero se distribuya en las prioridades. Luego, al final de la tabla está el resumen del resto de gastos donde puedes colocar el monto total de esas categorías.

(4) Saldo final. Es la diferencia entre los ingresos disponibles del período de análisis y los gastos. Es importante que este saldo sea positivo, en caso contrario debes ajustar. Este saldo será el inicial del siguiente período.

Te muestro a continuación un ejemplo real de análisis.

Ejemplo flujo de efectivo NEGATIVO en moneda USD:

PERÍODOS	1 al 7	8 al 15	16 al 23	24 al 31	Saldo Final
(1) SALDO INICIAL		$140	-$430	$300	-$210
Ingreso lineal	$1,000		$1,000		
Comisiones, bonos, etc.					
Ingresos de mi negocio					
Ingresos pasivos					
(2) DISPONIBLE AL INICIO DEL PERÍODO	$1,000	$140	$570	$300	

PERÍODOS	1 al 7	8 al 15	16 al 23	24 al 31	Saldo Final
(3) GASTOS					
VIVIENDA					
Alquiler / Hipoteca	$500				
Electricidad		$40			
Celular / Internet			$40		
Agua		$10			
Gas					
Seguridad y Mantenimiento				$10	
Otros					
ALIMENTOS					
Supermercado		$150		$150	
Mercado					
Artículos					
Otros					
TRANSPORTE					
Pago de vehículo	$150				
Combustible		$25		$25	
Otros					
SALUD					
Medicamentos	$10		$20		
Otros					
GASTOS VARIOS					

AHORRO Y SEGUROS	$50	$70	$50		
DEUDAS CONSUMO		$150		$100	
ENTRETENIMIENTO	$75	$75	$75	$75	
ROPA			$60		
EDUCACIÓN				$100	
OTROS GASTOS	$75	$50	$25	$50	
TOTAL GASTOS	$860	$570	$270	$510	
(4) SALDO FINAL	$140	-$430	$300	-$210	

La importancia del flujo de efectivo que te he mencionado en los capítulos anteriores lo verás materializado en estos ejemplos.

NO ES IGUAL INICIAR EL MES CON MÁS DINERO QUE CON MENOS, ESTO ES OBVIO, PERO SABERLO ES DIFERENTE A VISUALIZARLO PLASMADO EN PAPEL Y CON NÚMEROS.

Inicio el análisis en detalle de cada periodo:

Período 1 al 7

En este ejemplo no se obtuvo ingresos iniciales; la entrada de dinero es por el ingreso del salario. El dinero disponible para este período es de 1,000 dólares.

Los gastos del período son 860 dólares. Observa que las entradas de dinero son mayores a las salidas por lo que el flujo de efectivo es positivo en 140 dólares. Este saldo final del período 1 al 7 será el inicial para el siguiente.

Período del 8 al 15

En este período el saldo inicial es de 140 dólares. No se reportan ingresos adicionales. Observa el primer indicador. No se tienen otras entradas, por lo que se vuelve clave la administración del dinero en el período anterior.

Los gastos son de 570 dólares. El flujo de efectivo se vuelve negativo en 430 dólares. En muchos casos de personas que tienen problemas de deudas, el flujo negativo se apalanca con una tarjeta de crédito sacrificando el futuro financiero. Al no contar con una herramienta de control, se dificulta detectar la fuga.

Observa por medio del ejemplo, la importancia de realizar el ejercicio **al inicio del mes,** porque tienes tiempo de hacer los ajustes necesarios. Un ajuste estratégico que debes realizar es programar los pagos fijos en los períodos donde se generen las mayores entradas de dinero. Habla con los proveedores y acreedores para hacer el cambio de fecha y así logres distribuir de mejor forma el gasto. Al final, tú tienes la decisión y el control del dinero. Lo que se llama proactividad financiera.

Período del 16 al 23

El saldo inicial del período es negativo en 430 dólares. Se obtuvo una entrada de efectivo por el pago de salario de 1,000 dólares y se debe descontar el saldo negativo. La diferencia es el dinero disponible que son 570 dólares. Este es el último periodo del mes que se recibe ingresos.

Los gastos de este período son de 270 dólares. Observa que es la semana con menores salidas de dinero. Una estrategia a realizar es colocar algunos gastos en este periodo para desahogar las semanas que han sido en negativo. Esto te lo explicaré en el ajuste. Se logra en este periodo un flujo de efectivo positivo por 300 dólares que será de gran ayuda como apalancamiento para el último período de análisis.

Período del 24 al 31

El saldo inicial de este período es de 300 dólares. No se obtiene otra entrada de dinero por lo que es fundamental administrar correctamente. De igual manera, el flujo final de este período será el inicial del próximo mes.

Los gastos suman 510 dólares, y las salidas de dinero superan a las entradas, obteniendo un saldo negativo de 210 dólares.

Observa en la tabla que los gastos totales suman 2,210 dólares superando a las entradas de 2,000 dólares, por lo que se obtiene al final del ejercicio un saldo negativo de 210 dólares.

La gran pregunta: ¿Qué hacer en esta situación?

Te muestro el ajuste del flujo de efectivo y organizaré los gastos de forma que ningún período finalice con saldo negativo.

Ajuste del flujo de efectivo en moneda USD:

PERÍODOS	1 al 7	8 al 15	16 al 23	24 al 31	Saldo Final
(1) SALDO INICIAL		$225	$10	$625	$345
Ingreso lineal	$1,000		$1,000		
Comisiones, bonos, etc.					
Ingresos de mi negocio					
Ingresos pasivos					
(2) DISPONIBLE AL INICIO DEL PERÍODO	$1,000	$225	$1,010	$625	|//
PERÍODOS	1 al 7	8 al 15	16 al 23	24 al 31	Saldo Final
(3) GASTOS					
VIVIENDA					
Alquiler / Hipoteca	$500				
Electricidad		$40			
Celular / Internet			$40		
Agua		$10			
Gas					
Seguridad y Mantenimiento				$10	
Otros					
ALIMENTOS					
Supermercado	$100		$125		
Mercado					
Artículos					
Otros					
TRANSPORTE					

Pago de Vehículo	$100			$50	
Combustible	$20		$25	$20	
Otros					
SALUD					
Medicamentos	$10	$15	$30		
Otros					
GASTOS VARIOS					
AHORRO Y SEGUROS			$70		
DEUDAS CONSUMO		$150		$100	
ENTRETENIMIENTO	$25		$25	$25	
ROPA					
EDUCACIÓN			$50	$50	
OTROS GASTOS	$20		$20	$25	
TOTAL GASTOS	$775	$215	$385	$280	
(4) SALDO FINAL	$225	$10	$625	$345	

A continuación, te muestro el análisis del ajuste que he realizado por períodos. He colocado en letras más oscuras los ajustes para que los puedas observar de mejor manera.

Ajuste período 1 al 7

Cambié las compras de supermercado en los períodos que se obtiene mayor flujo de efectivo disponible, que son del 1 al 7 y del 16 al 23. Esto ayudará a que el flujo de efectivo final no se vea castigado y pueda ser positivo.

Apliqué la reducción del gasto de transporte dejándolo en este período. En la salud incrementé el gasto por seguridad y lo coloqué en diferentes períodos.

El ahorro lo eliminé de esta categoría debido a la emergencia. Ahora que ya contamos con flujo de efectivo podría ajustarse el siguiente mes para continuar ahorrando. En este ejemplo no lo hice, pero ahí te lo dejo como estrategia. La categoría de entretenimiento le reduje una buena parte al no ser algo importante en una situación de emergencia financiera.

Ajuste período 8 al 15

Antes del ajuste este período estaba castigado con el gasto del supermercado, entretenimiento y otros gastos, dejándolo con saldo negativo. Se eliminó también el ahorro. Se logró que el saldo final quede positivo para que el próximo período inicie con *músculo financiero* por el ingreso que se recibe. Observa que los gastos casi igualan al dinero disponible, pero con los ajustes necesarios no se castigó el período.

Ajuste período 16 al 23

Antes del ajuste, no estaba siendo aprovechado para desahogar los otros periodos que tenían saldos negativos. Ahora, le he cargado gastos fuertes aprovechando el *músculo financiero*.

Le agregué el gasto de supermercado, medicamentos y seguros. El gasto de educación lo dividí en dos períodos como estrategia ya que el pago se hace mensual por lo que puedo juntarlos para obtener el dinero sin sacrificar el flujo.

Ajuste período 24 al 31

El único gasto fuerte es la deuda de consumo. Este período es clave por el tema mental ya que va a permitir iniciar el próximo mes con saldo positivo. Iniciar el mes de esta manera te brindará tranquilidad y salud financiera.

Como recomendación final, juega con los números. Recuerda que este análisis debe ser antes de que inicie el próximo mes, así tienes el tiempo necesario para realizar los ajustes.

PARTE 3

Blindaje Financiero

La mayoría de las personas en algún punto de la vida hemos experimentado una crisis financiera. Las experiencias difíciles enseñan lecciones y las personas cambian, a veces para bien y a veces para mal. Lo que decidas hacer con ese aprendizaje tendrá un impacto en tus resultados a futuro.

Ahora que ya te enseñé el método de la escalera financiera para maximizar los ingresos en una crisis, quiero mostrarte el peldaño de la protección. Este es un elemento muy importante para lograr el éxito ya que te permite proteger el trabajo que has realizado en estas páginas y prepararte para cualquier situación venidera.

El blindaje financiero no es algo que se construirá de la noche a la mañana, pero es primordial que inicies hoy. En una ocasión leí una frase de Warren Buffett que decía así: "Alguien está sentado en la sombra el día de hoy porque otro plantó un árbol hace mucho tiempo". Debes plantar esa semilla financiera para tu familia y así tendrás un medio de protección.

A esto se le llama *la ley de siembra y cosecha* y es un principio universal que se aplica en todo tiempo y a toda persona, lo creas o no. Los resultados no son más que un efecto, es la cosecha de lo que tú sembraste. Si siembras gastos y deudas vas a obtener pobreza. Si siembras educación y ahorro vas a obtener riqueza.

Los frutos que ya cosechaste no los puedes cambiar, lo que si puedes, es empezar a cultivar buenas semillas. Este libro es una guía que te apoyará en el proceso. Como he comentado, todo inicia dando el primer paso. Si comienzas hoy, ten por seguro que tendrás las herramientas para proteger a tu familia. En estos capítulos te voy a mostrar estrategias para blindarte ante una emergencia financiera.

Estamos expuestos ante cualquier circunstancia y lo mejor es estar preparados.

ES MEJOR PLANIFICAR TU FUTURO QUE ESTAR ESPERANZADO A QUE ALGO BUENO PASARÁ.

CAPÍTULO 12

Ahorro

" El dinero ahorrado es un fiel amigo en la adversidad y un positivo colaborador en el aprovechamiento de las oportunidades."

O.S. Marden

En distintos libros de finanzas personales se ha hablado mucho sobre el ahorro, recomendando ahorrar un porcentaje mensual del ingreso disponible. Más allá del porcentaje, la clave del ahorro es que debe tener un propósito claro. El simple hecho de saber que debes ahorrar no es suficiente para hacerlo, se necesita una estimulación adicional. Responde esta pregunta antes de avanzar con la lectura, aunque parezca obvia, al analizarla detalladamente puede ser un reto: ¿Para qué quieres ahorrar? La respuesta te brindará una mejor perspectiva del propósito del ahorro.

En tiempo de adversidad, se convierte en un aliado para la protección financiera de la familia. El ahorro te ayudará a blindarte financieramente y crear una red de seguridad. El ahorro te brinda tranquilidad y paz.

No a todas las personas se les da ahorrar de forma natural. Uno de los grandes retos que he encontrado en las personas que se les dificulta ahorrar es que lo ven como un sacrificio. Por esta razón, es importante que respondas la pregunta sobre el propósito y así obtienes la motivación suficiente. De ahora en adelante te recomiendo verlo como una estrategia de defensa ante cualquier situación dentro o fuera de nuestro control.

Te mencionaré las 4 excusas más comunes que las personas usan para no ahorrar:

1. Gano poco dinero

El ahorro debe ser fomentado a todo nivel ya que lleva a una utilización más sensata y previsora de los recursos disponibles que sirve para enfrentar necesidades venideras. El ganar poco es una excusa. A esta altura del libro creo que ya tienes otra manera de pensar o al menos tienes una *vocecita interna* que está retando los pensamientos negativos. He impartido asesorías a personas que ganan 400 dólares al mes y sí se puede ahorrar. Te he brindado ejemplos reales en gastos hormiga que hacen algunas personas y están gastando más de 75 dólares. No es que no se pueda, es que no has tomado el tiempo para hacer los números y establecer prioridades claras.

Voy a continuar desafiándote. Si ganas poco dinero es un indicador de que necesitas urgentemente generar fuentes de ingreso adicionales. Con la inclusión del internet puedes aprender algunas habilidades, por ejemplo: neuro ventas, fontanería, mecánica, cocina, carpintería, sistemas de computación, diseño gráfico, comercio electrónico, hojas de cálculo, administración, entre otros. Aprendiendo alguna de las habilidades mencionadas, inicia ofreciendo el servicio a tus familiares y amigos monetizando ese conocimiento. Imagina que empiezas ganando un 10% adicional de tu ingreso al mes. Ahora te pregunto: En la empresa donde laboras, ¿te aumentan el 10% de tu ingreso al año? Ahí te dejo con la respuesta.

2. **No me alcanza el dinero para llegar a fin de mes**

"Mario, voy a ahorrar cuando tenga más dinero para hacerlo"- me han dicho varias personas. ¿Piensas que vas a ahorrar cuando te alcance el dinero? Si no te alcanza ahora, dudo que te alcance después. No es un problema de ingresos, sino de administración. Si te colocara una lista de excusas que he escuchado con esta frase podría escribir varias páginas, pero no es esa la idea. Con el sistema que te enseñé en las páginas anteriores, puedes colocar al ahorro como una prioridad. Libérate de gastos innecesarios y empieza a apartar un porcentaje para el ahorro. Contáctame y con mucho gusto te ayudaremos con mi equipo de trabajo a crear un plan personalizado.

3. **Tengo otras prioridades**

La clave para ahorrar se llama: pagarte a ti primero. En las asesorías en finanzas personales que imparto, la primera reducción de gastos que hacen mis clientes es el ahorro. Un monto pequeño que empieces a ahorrar, será muchísimo mejor que no hacer nada. En las páginas anteriores te mostré los grandes beneficios que brinda el ahorro en tiempos de crisis. Este ahorro te puede ayudar a sobrevivir unos meses.

La edad tampoco es una limitante. Si empiezas desde una edad temprana, claro que es mucho mejor, aunque muchos jóvenes no piensen en la edad adulta. No cometas este error y prepárate. Para las personas ya con algunos años encima, no pienses en el tiempo que has perdido, sino en lo que te queda por recorrer. Una crisis financiera no diferencia si tienes 21 años o 65.

4. No confío en los bancos para ahorrar

¡Por favor! Si pones esta excusa déjame darte una "bofetada" para que despiertes. Las personas que me dicen este tipo de cosas son por dos razones: han tomado malas decisiones financieras o tienen una mentalidad anacrónica.

Dentro de esta excusa también se encuentran los intereses que los bancos otorgan por tus ahorros. Aquí si te doy la razón, ya que son unos porcentajes de intereses mínimos, pero en una emergencia financiera el propósito de este ahorro no es que te hagas millonario.

> **EL AHORRO ES EL PUNTO DE PARTIDA Y SU PROPÓSITO ES LA ACUMULACIÓN Y PROTECCIÓN DE DINERO.**

Claro que, si acumulas en automático, el patrimonio personal aumenta. El ahorro fomenta la inversión y existen otros vehículos mucho más rentables para invertir, pero para eso necesitas tener dinero. Entonces, regresamos a lo mismo, necesitas empezar hoy mismo a ahorrar.

El dinero es tiempo y esfuerzo

El activo más importante que tiene el ser humano, además de su cerebro, es el tiempo. Tenemos un tiempo limitado en la vida. Al tiempo no lo podemos controlar, pero si podemos gestionar qué hacer con él. Todos tenemos las mismas 24 horas al día, la diferencia entre las personas exitosas y las que no lo son es la forma en cómo utilizan ese tiempo.

A la mayoría de personas que son empleados e independientes se les paga por su conocimiento, tiempo y energía. Esto significa que debes invertir ese tiempo en el trabajo o el proyecto que desarrolles para producir dinero. Aquí se pone interesante.

CUALQUIER GASTO QUE HAGAS, ESTÁS PAGANDO CON DINERO QUE SE UTILIZÓ CON EL TIEMPO DE PRODUCCIÓN.

Por ejemplo: Si el fin de semana pasado fuiste a cenar y gastaste 50 dólares, compara el precio de esa cena con tiempo de trabajo, haciendo una sencilla división. Te pondré algunos ejemplos en una tabla:

Salario o pago mensual	Horas trabajadas al mes	Precio por hora	Valor tiempo de la cena USD 50
USD 450	160	USD 2.81	17 horas de trabajo
USD 850	160	USD 5.31	9 horas de trabajo
USD 1,200	160	USD 7.50	6 horas de trabajo
USD 2,500	160	USD 15.63	3 horas de trabajo

Analiza el número de horas que te costaría esa cena por estar tolerando día a día a tu maravilloso jefe.

Puedes hacer el ejemplo con cualquier categoría de gastos que tengas.

Te brindo una tabla para que hagas los números:

Pago mensual	Horas trabajadas al mes	Precio por hora	Valor tiempo

El valor del dinero no es el mismo para todas las personas, por eso es importante que coloques tus propios números.

Este ejemplo te ayudará a decidir si merece la pena ese esfuerzo para hacer el gasto. También piensa dos veces antes de pagar con tarjeta de crédito, porque el costo será mayor aumentándole los intereses.

Camila, es una persona a quien le ayudé a establecer un plan de ahorros. Al inicio, como muchos otros, lo primero que me dijo fue:

— Mario, he intentado ahorrar, pero no se me da.

— ¿Dime qué has intentado?–pregunté.

— He colocado una alcancía, pero en una necesidad de dinero meto mano en ella. Implementé el sistema de sobres para ir ahorrando, al final me desmotivo porque no puedo ahorrar por un largo período de tiempo.

— ¿Para qué quieres ahorrar? – pregunté.

— Se quedó pensando unos segundos mirando hacia arriba y luego dijo:

— La verdad, no sé para qué quiero ahorrar.

Esta es una de las principales razones por la cual las personas no ahorran, no tienen un propósito definido. Luego de una serie de preguntas estratégicas, Camila descubrió el propósito del ahorro y trazamos planes a corto, mediano y largo plazo.

Otra máxima de las finanzas es que el dinero tiene un valor en el tiempo. Esto se refiere al hecho de que es mejor recibir dinero ahora que después. Un dólar hoy tiene más valor que un dólar mañana. La idea de este concepto es que con ese dólar que tienes ahora, lo inviertes para tener un rendimiento positivo, generando más dinero mañana.

La pregunta clave es: ¿Qué cantidad de dinero en el futuro es equivalente al que tengo ahora? Te pongo un ejemplo: un amigo te dice que tiene un buen negocio y que le prestes 5,000 dólares y te estará devolviendo al final del año 5,500 dólares. ¿Será un buen negocio? ¿Cuánto deberías prestarle? Supongamos que, en un fondo de inversión (que es más seguro que prestarle dinero al amigo) consigues una tasa del 7% anual. Para evaluarlo, utiliza esta simple fórmula:

$$\text{Valor Presente} = \frac{\text{Valor Futuro}}{(1+i)^N}$$

DATOS VALOR PRESENTE DE 5,000 DÓLARES	
Valor futuro	$5,500.00
Tasa interés (i)	7.00%
Número de años (N)	1
Valor Presente	$5,140.19

Lo que significa que sí es un buen negocio porque la ganancia que vas a obtener es mayor que el valor presente y que el dinero que vas a entregar hoy. Pero si te dice que te va a devolver 5,300 dólares en un año, su valor presente es 4,953.27 dólares a la tasa de interés de referencia del 7%, en este caso. Tu dinero estaría perdiendo valor en el tiempo y no sería una buena inversión.

Ahora, te enseñaré el sistema de ahorro que yo le llamo "pasito a pasito", así como la canción. La estrategia funciona con el compromiso de que apartes primero el ahorro y luego mes tras mes aumentas el porcentaje. La cantidad del porcentaje lo vas a tomar del dinero disponible. Por ejemplo, si este mes ganas 1,500 dólares el primer mes que es del 2% apartas 30 dólares y así con el siguiente mes que sería el 4%. En el acumulado vas sumando las cantidades.

Propósito de ahorro: Primer fondo de emergencia			
Mes de ahorro	Porcentaje de ahorro	Cantidad	Acumulado
Enero	2%	$30	$30
Febrero	4%	$60	$90
Marzo	5%	$75	$165
Abril	7%	$105	$270
Mayo	9%	$135	$405
Junio	10%	$150	$555
Julio	10%	$150	$705
Agosto	10%	$150	$855
Septiembre	10%	$150	$1,005
Octubre	10%	$150	$1,155
Noviembre	10%	$150	$1,305
Diciembre	10%	$150	$1,455

Independiente del mes en que inicies, continúa desde ahí. Lo más importante es dar el primero paso. Si tu presupuesto lo permite, modifica los porcentajes que te he colocado para que el ahorro sea mayor. Recuerda colocar el propósito del ahorro como factor de motivación.

Propósito de ahorro:			
Mes de ahorro	Porcentaje de ahorro	Cantidad	Acumulado
Enero			
Febrero			
Marzo			
Abril			
Mayo			
Junio			
Julio			
Agosto			
Septiembre			
Octubre			
Noviembre			
Diciembre			
TOTAL			

A continuación, voy a brindarte algunas estrategias para que comiences a ahorrar desde ahora:

- **No lo dejes para último momento**

Querer ahorrar después de pagar todos tus gastos fijos, no es una buena estrategia. Debes hacer lo que se conoce como "pagarte a ti primero" y es una prioridad. En el momento en que recibas el ingreso, guarda una cantidad de dinero con base a la estrategia que te he enseñado. Quítate de la mente que el ahorro debe ser por imposición, cambia el "tengo" que ahorrar, por el "quiero" ahorrar.

- **Haz el hábito**

Pequeños pasos forman un hábito que se desarrolla por medio de la repetición. Este hábito debe reforzarse para que sea sostenible y para eso necesitas tener un propósito. Cuando tienes una meta poderosa, la voluntad por cumplirlo es mayor y eso hace que se vuelva una prioridad.

Debes ser intencional con respecto al ahorro y la disciplina se vuelve fundamental. Permíteme brindarte una estrategia, que es más bien un juego para fomentar el ahorro. Crea retos de ahorro con tu familia, amigos y compañeros de trabajo. El apoyo de personas con metas en común funciona como soporte colectivo.

- **Utiliza el descuento por nómina**

En el capítulo del diagnóstico financiero te comenté sobre el descuento por nómina. Esto es utilizar a las entidades financieras a tu favor. Estas compañías fomentan el hábito porque les conviene tener liquidez para prestar ese dinero. En la mayoría de los países las entidades financieras cuentan con aplicaciones donde puedes programar el ahorro. Es una forma fácil y segura de iniciar el hábito.

- **Busca un mentor que te ayude a crear un plan**

Si después de todas las estrategias que te he enseñado aún no logras ahorrar, entonces busca un mentor que pueda apoyarte a crear un plan. Si en realidad quieres tener éxito financiero, debes buscar la ayuda necesaria. En una empresa que visité en Perú, observé esta frase en el departamento de calidad y la memoricé porque me impactó:

"PREGUNTAR NO ES COSTOSO, NO PREGUNTAR Y EQUIVOCARSE SÍ LO ES"

Un mentor te ayudará a reducir riesgos y apoyarte a que logres tus objetivos.

CAPÍTULO 13

Fondo de emergencias

" Va a llover. Necesita un fondo para el día lluvioso. Necesita un paraguas."

Dave Ramsey

Si de algo podemos estar seguros es que el cambio es inevitable, el futuro es incierto y muchas cosas se escapan de nuestro control. En nuestros países latinoamericanos la cultura de la prevención es un tema pendiente. Somos expertos en ajustar en el momento, y la frase "ahí veo como hago después" predomina entre las personas. La mayoría de las fuerzas externas no las podemos controlar del todo, lo que sí podemos es mitigarlas y tener un plan para ello.

Los imprevistos pueden surgir en cualquier momento y si no se tiene el dinero para atacarlos, se convierten en emergencias. Cuando la emergencia ya la tienes encima, las decisiones no se toman con cabeza fría y se utiliza cualquier recurso para salir adelante. Esto lo podríamos evitar teniendo un fondo de emergencia.

El fondo de emergencia es un dinero exclusivo para imprevistos. Es un paracaídas financiero. Reparaciones del hogar, la batería del automóvil, los electrodomésticos se estropean, accidentes, enfermedades, disminución de ingresos, despidos, entre otros. Los imprevistos surgen en cualquier momento y en los momentos menos oportunos.

Cuando no se cuenta con un fondo de emergencia, a lo que recurren la mayoría de las personas es a alguna de las siguientes opciones:

- **Utilizar la deuda**

Como anteriormente te mencioné, las entidades financieras nos han hecho creer que las tarjetas de crédito son para emergencias, pero nada está más lejos de la realidad. Lo dicen así porque es una manera fácil de vender terror y cumplir el presupuesto de ventas. En una emergencia, la deuda a largo plazo es costosa.

Cuando la emergencia termina, el problema de la deuda permanece por años. Sí leíste bien, un nuevo problema. Lo que pudo funcionar para solucionar una emergencia luego se convierte en otra a nivel financiero. A esto se le conoce como el ciclo destructivo de la deuda.

- **Deshacerse de artículos personales**

Esta es una manera dolorosa de pagar una emergencia financiera. Deshacerte de tus cosas no es algo por lo que quieras pasar. He tenido que ver a muchas personas pasar por este duro proceso y los sentimientos se desbordan. Vender una propiedad, un automóvil, muebles, joyas o algún otro artículo es desgarrador. La mayoría de esas cosas se venden a un precio mucho menor, sumándole que muchos compradores se aprovechan del dolor ajeno, por lo que la perdida financiera es grande.

- **Préstamos a familiares**

Esta es otra de las preguntas que me hacen con frecuencia:

— Mario, un familiar necesita que le preste dinero, ¿qué hago?

Les respondo:

— Si es un monto que no afecta tus finanzas personales, mejor regálaselo porque dudo lo pague.

He visto familias y amigos terminar enemistados por dinero. Otros llegan a niveles superiores de ego y creen que por ser familia "se merecen" el apoyo económico. Siento mucho discrepar si tú has sido una persona así, pero no es responsabilidad de nadie el regalarte dinero. Si piensas de esa manera, regresa urgente al capítulo de la proactividad financiera.

Si te han solicitado dinero, sigue el consejo del párrafo anterior. No creas tampoco que es fácil estar en la posición de la persona a la que le piden ayuda. Si ni una entidad financiera le ha prestado dinero y no puede producir mayores ingresos, no va tener forma de pagar ese préstamo y eres su último recurso; por eso no creo que ese dinero regrese a tus manos. Obséquiale también una asesoría en educación financiera.

La principal función de un fondo de emergencias es evitar que te quedes sin liquidez. Todas estas opciones son muy costosas a nivel de salud mental y financiera. Por esas razones, lo mejor es blindarte financieramente.

Dentro de las características del fondo de emergencias tenemos:

- **Liquidez**

La liquidez es tener dinero en efectivo. Esto significa que el fondo de emergencia tiene que estar disponible cuando se necesite. En una ocasión, realizando un diagnóstico financiero, pregunté si contaba con fondos de emergencia y me respondió que sí. Luego, que si tenía alguna cuenta especial y la respuesta fue afirmativa también. Contaba con un plazo fijo de una entidad financiera. Esto es un error, ya que las entidades colocan barreras a estos instrumentos, por ejemplo: penalizaciones para que ese dinero no lo muevas antes del plazo establecido. Debes cuidar el capital, que es el dinero inicial que colocaste en ese depósito a plazo, y si por una emergencia lo retiras antes de tiempo, incluso hasta puedes perder una parte del dinero.

Si llegas a tener una emergencia el primero de enero en la madrugada, después de la gran fiesta de fin de año, debes contar con liquidez. Por eso, recomiendo que el dinero se encuentre en una cuenta de fácil acceso en donde puedas retirar hasta de un cajero automático.

- **No es un fondo para crear riqueza**

Existen personas que quieren pasar al nivel de inversionistas sin antes haber creado su fondo de emergencia. El objetivo de este dinero no es generar ganancias, sino que es estrictamente para emergencias. La disponibilidad del dinero y la seguridad son más importantes que la rentabilidad en este paso. Con 2,000 dólares de emergencia al 3% de interés anual, ganas únicamente 60 dólares, con eso no te harás rico. Si tienes suficiente dinero para una emergencia, podrías separar una parte para este propósito, mientras tanto concéntrate en la creación del fondo.

- **Seguridad**

El primer responsable de cuidar el fondo de emergencia eres tú, por esa razón sepáralo de tu cuenta donde te depositan el ingreso principal o la cuenta de gastos mensuales. Muchas personas empiezan a ahorrar y en un mes de altos gastos, acaban con el esfuerzo de ese ahorro. Debes garantizar la preservación de ese dinero.

Parte de la seguridad es proteger el fondo de ti mismo, por esa razón apártalo de tu vista. Ni la navidad, el *Black Friday*, el cumpleaños de tu primo o el de tu jefe, la salida de los viernes al bar, nada de eso es una emergencia. Colócalo en una entidad financiera donde no tengas ningún otro instrumento. Blíndalo en un sitio seguro donde esté libre de los gastos por impulso.

Existen diferentes métodos para la creación del fondo de emergencias. Voy a compartirte tres de ellos con ejemplos reales que he aplicado con mis clientes.

Métodos para la creación del fondo de emergencias

Método #1

Este es un método sencillo, pero funcional. Suma los gastos importantes que realizamos en los capítulos anteriores. Recuerda que deben ser las necesidades básicas. Tu fondo de emergencias debería ser la suma de esos gastos multiplicado por tres, en otras palabras, un fondo de emergencias para tres meses como mínimo. Para obtener mayor seguridad, calcúlalo para seis meses.

Te brindo un ejemplo con el método #1:

Categorías de: vivienda, alimentación, servicios y transporte suman en el mes: 900 dólares.

La cantidad ahorrada para tres meses: 900 x 3= 2,700 dólares.

Método #2

Responde las siguientes preguntas:

- ¿Cuánto dinero gastaste en las últimas tres emergencias?
- ¿Cuánto supones que sería el costo de una emergencia grande?

Ahora haz un promedio de las dos.

Te brindo un ejemplo con el método #2:

Dinero gastado en las últimas tres emergencias:

Emergencia #1: 550 dólares.

Emergencia #2: 200 dólares.

Emergencia #3: 1,100 dólares.

Total de las tres emergencias: 1,850 dólares.

El costo de la más cara de las emergencias para este ejemplo: 2,500 dólares.

Promedio de las dos: 2,175 dólares (1,850 + 2,500 ÷ 2)

Método #3

¿Qué cantidad ahorrada te daría seguridad?

Establece una fecha para la que te gustaría tener el fondo construido.

Establece una cantidad mensual que puedas ahorrar para este fondo.

Te brindo un ejemplo con el método #3:

Cantidad ahorrada que me daría seguridad: 2,000 dólares.

El fondo me gustaría completarlo en seis meses

Cantidad mensual que podría ahorrar para completar en seis meses el fondo: 333.33 dólares

Aquí se pone interesante. Si esta cantidad te parece elevada, hazlo con un número mayor de meses. Por ejemplo, si fuera para 10 meses podrías ahorrar 200 dólares. Juega con los números y establece tu propio fondo con alguno de estos métodos.

Te brindo una herramienta poderosa como formato.

Fondo de emergencias		
Meta del fondo	Cantidad ahorrada actual	Lo que hace falta para completar
USD 2,000	USD 200	USD 1,800

Lo que falta para completar	Meses por completar	Cantidad mensual
USD 1,800	9 meses	USD 200

Te comparto el formato para que coloques tus números:

Fondo de emergencias		
Meta del fondo	Cantidad ahorrada actual	Lo que hace falta para completar

Lo que falta para completar	Meses por completar	Cantidad mensual

El fondo de emergencias funciona como la caja chica de una empresa. Esta herramienta les permite tener a la mano una suma de dinero para realizar y controlar gastos en efectivo sin necesidad de que la persona tenga que ir a la entidad financiera a cambiar un cheque. Funciona para enfrentar gastos imprevistos, así como el fondo de emergencia personal. El control de la caja chica es más eficiente cuando se usan *tickets* o vales, que facilitan el registro y las justificaciones de las salidas de dinero.

Esto significa que, si una empresa tiene una caja chica de 1,000 dólares, dentro de esa caja debe estar ese monto en dinero o facturas. De modo que se tenga un control detallado del gasto. Luego, la empresa establece un porcentaje para reabastecer esa caja chica. Por ejemplo, la empresa implementa la política de que cuando la caja llegue al 50%, que es 1,000 dólares, se debe volver a colocar el dinero restante para abastecerla y tener una vez más 2,000 dólares el 100%.

Tú también debes reponer el dinero del fondo de emergencias. Si utilizas una parte, en los próximos meses te toca reponerla para que mantengas el nivel de seguridad.

— Mario, yo tengo seguro de salud, ¿necesito un fondo de emergencias?

Claro que sí, porque debes cubrir un porcentaje adicional. Algunos seguros médicos son 80-20, lo que significa que cubre el 80% y el resto lo paga la persona asegurada. Si no tienes el dinero disponible para cubrir el 20% restante, lo pagarás con deuda. De igual forma, en un seguro de vehículos con el deducible.

He repetido en el transcurso de estas páginas que cada persona tiene un estilo de vida diferente, por lo que debes hacer tus propios números.

SI NO CREAS UN FONDO DE EMERGENCIAS, CUALQUIER GASTO ADICIONAL SERÁ UNA EMERGENCIA.

El mantenimiento del vehículo, medicinas, reparaciones del hogar, sabes que se van a hacer al menos una vez al año, si no cuentas con el presupuesto para ello, se convierten en emergencias.

Este fondo te ayudará a ponerle fin al uso excesivo de las tarjetas de crédito y a derribar el mal mito de que son para emergencias.

PARTE 4

Educación Financiera

Desde que inicié el proceso de transformación financiera, mi vida cambió por completo. Ver hacia atrás, la cantidad de deudas que pagaba, la mala administración que llevaba y los paradigmas limitantes que tenía, me recuerda la importancia que tiene este tema en la vida de una persona. Ahora mi vida es totalmente diferente y sé muy bien que sí se puede tener éxito financiero. El cambio no fue fácil, pero era necesario. El impacto que tuvo en mí la educación financiera me llevó a renunciar a mi empleo formal y me dediqué a ayudar a las personas a que tomen el control de su vida financiera.

En una ocasión asesoré a un cliente bastante especial. Llegaba a las sesiones de seguimiento cada tres meses, cuando yo le recomendaba que la frecuencia debía ser mensual, pero siempre ponía una excusa. Él se sentía bien con que yo le enseñara las herramientas financieras y le diera consejos para manejar su dinero. Le daba seguimiento por teléfono y me decía que todo iba bien. A los tres meses regresaba con el mismo desorden financiero.

En un inicio me sentí responsable de sus resultados. Si las herramientas las había aprendido, qué es lo que no estaba cambiando. Esta persona fue uno de los que me animó a estudiar el tema de *coaching* y a investigar sobre el comportamiento de las personas.

Desde ese momento, he tenido una pregunta en mente: **¿Qué es esa sola cosa que las personas pudieran hacer para cambiar rotundamente las finanzas personales?** Encontré la respuesta en una palabra: Hábitos.

CAPÍTULO 14

Hábitos

" Somos lo que hacemos día a día. De modo que la excelencia no es un acto sino un hábito."

Aristóteles

Nuestros resultados vienen de los hábitos que se encuentran profundamente arraigados en la mente y se han ido reforzando a lo largo de los años. Los hábitos son los que nos permiten avanzar o limitar el progreso. La calidad de nuestra vida actual es el reflejo directo de ello.

Para iniciar este capítulo voy a brindarte la definición de hábito con uno de los libros que a mí me impacto cuando lo leí: *Hábitos atómicos* del autor James Clear. Él define el hábito como una rutina o práctica que se realiza de manera regular; una respuesta automática a una situación específica.

Es interesante observar las definiciones de la palabra: rutina. La rutina es un proceso automático. Un circuito de pasos que se repiten automáticamente. Conjunto de instrucciones para realizar una acción que se repite con gran frecuencia. Si algo se realiza con frecuencia podemos decir que se hace de forma periódica. Observa que regresamos a la definición de hábito.

Tenemos cientos de hábitos. Un ejemplo, es a la hora de atarse las cintas de los zapatos, ¿con cuál pie inicias? Presta atención la próxima vez que realices esta acción y notarás que la mayoría de las veces inicias con el mismo pie.

Este hábito, por simple que parezca, es un ejemplo de los muchos que tenemos y no les prestamos atención. Un tema interesante sobre los hábitos es que los científicos indican que el cerebro los crea para ahorrar energía. Imagínate la sobrecarga que tuviéramos si nos concentramos en cada acción que se realiza. Los hábitos comienzan sin que uno se percate, pero podemos irlos monitoreando a medida que se forman.

Los hábitos resuelven problemas diarios. Te brindo un ejemplo: Cuando conduces tu automóvil, puedes ir escuchando música y hablando con la persona que llevas al lado; colocas las velocidades de forma casi automática y conoces la manera en que el acelerador y el embrague se deben presionar de tal forma que el automóvil siga su curso sin problemas. Ahora imagina que el cerebro le preste atención a cada una de esas cosas, sería casi imposible conducir ya que se necesitaría estar pendiente de cada detalle. Agreguemos que debes observar hacia donde conduces, el espejo retrovisor y ambos laterales. Para esto sirven los hábitos, automatizar los procesos. ¡Benditos hábitos!

Es posible cambiar o reemplazar los hábitos. También puedes apalancarte de los hábitos que tienen las personas exitosas y hacerlos tuyos, pero antes debes entender el funcionamiento para luego aplicarlos en tu vida.

Te muestro de manera resumida cómo funciona el "ciclo de los hábitos".

El marco de referencia es del famoso libro *El poder de los hábitos*, del autor Charles Duhigg. El concepto básico es que cada hábito se puede dividir en tres segmentos principales: la señal, rutina y recompensa.

1. **Señal**

Es un estímulo del entorno que activa al cerebro para realizar el hábito, es el detonante. La señal consiste en darse cuenta de cuál será la recompensa. La mente está en constante análisis para localizar las pistas que nos llevan a la recompensa.

2. **Rutina**

Es la respuesta a la señal que puede ser un pensamiento o una acción que sigue cada vez que se presenta, es la realización de la acción. La rutina lleva a obtener la recompensa.

3. **Recompensa**

El beneficio que se obtiene al seguir el hábito es el premio. Esta es la meta final de cada hábito. La recompensa brinda satisfacción y en muchos casos también aprendizaje.

Voy a brindarte un ejemplo en finanzas personales que es el tema que nos interesa

Una persona que compra sin analizar el impacto en sus finanzas. Podrás observar la manera en que su cerebro crea el ciclo de los hábitos.

La persona está en su casa aburrida y ve su ropero; esta es la señal que le dice al cerebro que necesita realizar una acción. La señal carece de significado hasta que la persona le da una interpretación. Piensa en cómo se vería de hermosa y las palabras bonitas que su novio le dirá con la nueva cartera. Sin dudarlo, toma las llaves del vehículo y se dirige al centro comercial; esta es la acción. Compra la cartera con cualquier medio de pago y obtiene la recompensa que es la satisfacción. Puedes observar que hay una mezcla entre el plano mental y físico. En la mente el ciclo ya se cumplió, luego se materializa con la ejecución.

Te pongo otro ejemplo con los gastos hormiga. En mi país, El Salvador, una de las comidas típicas son las pupusas. Es una tortilla a base de maíz o arroz que está rellena de algunos elementos como queso, frijol, chicharrón, entre otros. En muchas esquinas de todo el territorio puedes encontrar un lugar de venta. Se consumen la mayor parte del tiempo en el desayuno y en la cena. Por la mañana, las personas que van a su lugar de trabajo sienten ese delicioso olor del queso fundido que cae en la plancha caliente. Percibir ese olor es la señal que detona el estímulo de anhelar la deliciosa comida. Extraes del bolsillo el dinero y se compra el producto, es la acción. Luego se prueba el delicio manjar y se satisface el deseo de comer una pupusa, es la recompensa. Esta rutina es la de muchas personas y lo hacen de forma automática. Funciona igual con el café de la mañana.

El análisis puede tomar varios minutos, pero lo impactante es que esto sucede en milésimas de segundo en nuestro cerebro. Antes de la acción, la decisión ya se había tomado en la mente.

Podemos desarrollar hábitos, pero también pueden ser inculcados por la sociedad. Un ejemplo es con el uso de la tarjeta de crédito. Sus anuncios muestran un estereotipo de felicidad por la compra de artículos que los puedes adquirir inmediatamente, lo que en psicología se conoce como felicidad hedónica. Bajo mi perspectiva la señal es el anuncio, la rutina el uso de la tarjeta de crédito y la recompensa la satisfacción de poseer el artículo sin mayor esfuerzo. Estas compañías conocen muy bien este proceso y gastan miles de dólares en colocar anuncios sobre el uso de la deuda en medios impresos y digitales para que la señal la puedas ver en todos lados y se repita la acción una y otra vez hasta que el proceso se vuelva automático. Esto ha creado un mal hábito, llamado también vicio, con el uso de la tarjeta de crédito. Muchas personas no pueden imaginar comprar algo sin deuda. Pero como te mencioné anteriormente, el mismo esfuerzo es ahorrar que pagar una deuda.

Haz el ejercicio observando algún hábito en tu vida y encontrarás que todos siguen el mismo patrón. Si una conducta resulta insuficiente en cualquiera de las tres etapas, no se convertirá en hábito.

El autor Raimon Samsó, expone sobre el éxito e indica que la clave para lograrlo es la disciplina. Él observa que el éxito no depende de tu coeficiente intelectual, sino de la disciplina. La disciplina es difícil porque requiere crear hábitos, pero una vez logrados todo se hace más fácil. Realizar pequeñas tareas durante un tiempo de manera constante y con disciplina se convierte en un hábito.

Quiero compartirte algunos hábitos que las personas exitosas han desarrollado. Esta información la he analizado en diferentes literaturas y me parece importante aplicarlas en las finanzas personales como herramientas adicionales para potenciar el cumplimiento de tus objetivos.

Hábitos ganadores

A. Personas autorresponsables

Las personas con hábitos ganadores son autorresponsables, lo que significa ser conscientes de las decisiones que se toman. Si surge un problema, se preguntan: ¿Qué puedo hacer para solucionarlo? ¿Qué posibilidades de acción tengo a mi alcance? No culpan a otros ni dicen: "Alguien debe hacer algo por mí". No dependen del contexto, si hay crisis o no, el jefe, la pareja, el gobierno, ni de otra persona; depende únicamente de él mismo. Si les va bien es porque ellos lo han hecho y si les va mal aprenden, corrigen y siguen adelante. Estas personas aplican la proactividad financiera.

Como te mencioné en capítulos anteriores, la conciencia es el conocimiento sobre uno mismo. Analizando desde nuestro interior logramos obtener la respuesta correcta. La conciencia nos ayuda a conocer las decisiones que estamos tomando, y esto es un gran poder. El valioso libro *El Alma del Liderazgo* del autor Deepak Chopra, menciona: "La conciencia es el sitio en que nacen las posibilidades. Todo lo que quieres hacer, todo lo que quieres ser, comienza aquí. Para ser un visionario exitoso, debes ser tan consciente como te sea posible. En todo momento, muchos caminos llevan adelante. La conciencia te indica cuál es el correcto.", (p.70).

En la charla de hábitos financieros que imparto, una de las preguntas que hago es la siguiente: ¿Están viviendo su sueño o el de alguien más? Esto hace que las personas reflexionen sobre quién en realidad dirige sus vidas.

Muchos responden, "vivo mis propios sueños", pero no es del todo así. Les hago otra pregunta: ¿Quién eligió sus carreras o profesiones? Se quedan en silencio unos momentos, luego algunos mencionan que ellos mismos. La realidad es que en la mayoría de casos fueron sus padres y llevan años de esa manera sin percatarse de ello.

Las personas de éxito van en busca de su pasión y de sus sueños. No permiten que el ruido ajeno interfiera con sus planes. Definen objetivos y crean los pasos necesarios que los llevará al resultado que han deseado.

B. Establecen prioridades

Todos tenemos las mismas 24 horas del día, la diferencia radica en qué haces con ese tiempo. He observado varias razones por las cuales algunas personas no cumplen sus metas y una de ellas es que no cuentan con prioridades claras. En el transcurso del libro te he comentado la diferencia entre gastos necesarios y los caprichitos. La falta de prioridades hace que las personas en el momento en que reciben dinero lo gasten inmediatamente y muchas veces en cosas que no son indispensables.

Intentar cambiar hábitos sin definir un plan es algo que no te recomiendo. Estoy seguro de que has escuchado frases como las siguientes: "voy a reducir mis gastos", "utilizaré menos la tarjeta de crédito", "voy a ahorrar", "este día haré mi presupuesto", entre otras. Al final, son palabras que quedan en el aire ya que no tienen un plan específico que soporte esa intención. Buscan la motivación para realizarlo, pero la motivación no llega así por así y en la mayoría de casos no es motivación lo que se necesita, sino un plan con pasos claros.

Cuando estaba aprendiendo a administrar mi dinero, intenté desarrollar el hábito de presupuestar mes a mes. Cometía el error de realizar la tarea únicamente el día que me recordara. Algunas veces la ejecutaba de forma rápida creyendo que solo por cumplirla ya estaba bien. Unos meses era la primera semana y otros la tercera. Esto resultó en una administración deficiente y me estaba autosaboteando. Hice el compromiso de establecer un día y hora específica al mes para realizar el ejercicio. La fecha para elaborar el presupuesto que tomé de referencia fue los días 27 a las 09:00 a. m. Coloqué la alarma de mi teléfono y de mi tableta electrónica para tener ambas señales. Preparaba un delicioso café y un lugar cómodo para realizar la tarea.

Esa primera experiencia me ayudó a concentrar mi atención en los números para analizar a detalle. El primer mes fue un reto, el siguiente era menos trabajo y al tercero recibía feliz la fecha de la elaboración del presupuesto, en adelante se volvió un hábito. No puedo dejar pasar un mes sin tener mi presupuesto listo junto con mi café en la fecha específica. Mis finanzas personales mejoraron de manera extraordinaria.

Una estrategia que enseño para cumplir con las prioridades es fraccionar las actividades grandes en pequeños pasos para llegar a la meta. Este libro que tienes, no lo escribí de la noche a la mañana, fueron una serie de pasos diarios. Palabra por palabra se construyen los capítulos y una serie de capítulos se convierten en un libro. La estrategia de ahorro que te enseñé es otro ejemplo de fraccionar los pagos de forma mensual para llegar a la meta financiera.

En el libro *Rich Habits* del autor Thomas Corley menciona que el 80% de los ricos se concentran en lograr un objetivo a la vez. En lugar de ceder a las presiones de los sueños ajenos –lo que esperan otros de nosotros– definen esos objetivos, que luego impulsan de a uno. Cumplir estos objetivos genera una pasión que redunda en mayor felicidad.

Crear una lista de tareas diarias durante una semana te ayudará a observar minuciosamente las actividades que realizas. Coloca todos los quehaceres desde que te despiertas hasta la hora que te vas a la cama. Luego analiza cuales de esas tareas te llevan al éxito y cuales te alejan de él. Coloca horarios para tener mayor detalle. Una vez ya tienes la lista depurada, integra los nuevos hábitos diariamente. Este es un plan simple pero extremadamente poderoso para desarrollar nuevos hábitos.

No puedo quedarme tranquilo sin mostrarte cómo funciona una excelente herramienta para que puedas crear uno de los hábitos más poderosos que te recomiendo encarecidamente aplicar a tu vida, la lectura diaria. Esta es la plantilla que yo mismo utilizo para ir midiendo la lectura. También me funciona para incrementar la velocidad.

Hábito:	Lectura diaria
Señal:	Alarma de teléfono
Libro:	Finanzas S.O.S.
Autor:	Mario Magaña
Objetivo:	Obtener las herramientas para salir de la crisis financiera.

Fecha	Hora inicio	Minutos invertidos	Página de inicio	Página de finalización	Total páginas leídas
4 julio 2020	08:00am	40 minutos	1	30	30
5 julio 2020	08:00am	40 minutos	30	56	26
6 julio 2020	08:00am	40 minutos	57	85	28

C. Piensan en grande

Las personas con hábitos ganadores piensan en grande y no colocan un techo a sus sueños. Estas personas se enfocan en oportunidades y no en dificultades. Si te enfocas en las oportunidades las vas a encontrar y si te enfocas en las dificultades también.

A diferencia de las personas que no tienen mucho éxito financiero, procrastinan buscando la típica excusa de "no es el momento" y se les va la vida esperando el momento perfecto. Buscan las excusas para no hacer las cosas. Los problemas los superan y ponen docenas de pretextos para no actuar. Algo que no han entendido es que la única manera de acabar con todos los problemas es que mueran. Las personas que más dinero ganan son las que resuelven la mayor cantidad de problemas. Te doy un ejemplo: Amazon. Esta gran empresa no necesita introducción, pero si tú analizas, ¿a cuántas personas les resuelven problemas? A millones. De igual forma, el dueño de un centro comercial, le resuelve problemas a miles para que accedan a un solo lugar a comprar sus cosas. Las personas de éxito conocen que una manera de producir dinero es mediante la resolución de problemas a muchas personas.

Cito una frase: "Apunta a las estrellas y llegarás a la luna". Puedes hablar con una persona exitosa y preguntarle: Si tienes una empresa, ¿tu meta es que sea la mejor de la ciudad o del país? Estoy seguro que su respuesta será del país y del continente también. Estas personas no ponen límites a sus metas.

Viven su vida con mentalidad de abundancia, y saben que hay mucho para todos. Nos han dicho que los recursos son escasos, pero este siglo ha habido un aumento de millonarios exponencialmente con la ayuda de la tecnología. Algunos recursos pueden ser escasos, pero el ingenio humano ha hecho que la transformación de estos recursos se pueda explotar.

Algo que en lo particular me asombra en pleno siglo veintiuno es que existan personas que le rinden tributo a la pobreza. Se colocan una coraza mental para defender este pensamiento actuando desde la ignorancia, victimización, ego y soberbia. Son las mismas personas que están quebradas financieramente. Cuando escucho ese tipo de personas, solo recuerdo una frase muy poderosa que leí en un pequeño libro llamado *Dios te invita a soñar*, que menciona: "Dios no tiene límites. Sueña sueños grandes porque tenemos un Dios muy grande", (p.118). Yo prefiero creer esto para poner mis talentos al servicio de las personas que lo necesitan en lugar de esconderlos por alguna creencia limitante.

D. Ganar–ganar

Al contrario de la creencia popular de que en todos lados debe existir un ganador y un perdedor, he observado cómo las personas de éxito tienen una mentalidad de abundancia. Stephen Covey (2004) plantea en el cuarto hábito ganar – ganar la filosofía que reza que si tú ganas yo gano; si yo gano, tú ganas y así ganamos todos. Todos podemos prosperar. Debemos derribar, el egoísmo y la creencia que si el otro gana yo pierdo. El éxito de una persona no se logra excluyendo el éxito de otros. El hecho de que exista un perdedor es un mal negocio y las relaciones sostenibles tienen que ser recíprocas. Esto se aplica muy bien en las finanzas personales.

Existe una ley de la reciprocidad, que establece que el dar engendra al recibir y el recibir engendra el dar. Cada una de sus partes da el 50-50 para juntos hacer un 100. Esta ley se fundamenta con la intencionalidad y debe partir desde la bondad. No se trata del merecimiento ni de dar por esperar obtener un beneficio donde puede haber un interés camuflado.

Un error que se comete con la reciprocidad es medir lo que se recibe para ajustar lo que se ofrece. Esperamos de las personas que nos rodean y podemos llegar a caer en un estado de indignación cuando vemos que los demás no se comportan tal y como nosotros lo hacemos con ellos. La reciprocidad no es un sufrimiento, es un acto de bondad y amor hacia los demás.

Para aplicar esta ley podemos iniciar con simples pero poderosas acciones. Si deseamos amor, debemos dar amor; si deseamos paz, debemos brindar paz a los demás; y si deseamos riqueza, ayudemos a otros a conseguirla.

E. Aprenden de personas exitosas

Las personas con hábitos ganadores siempre están en constante evolución y no dejan de aprender. Estudian a otros que están en mejor posición, se apalancan con ese aprendizaje y sin juzgar examinan la información. Los exitosos aprenden de las personas que saben, no de los que no saben. Si quieres aprender a tocar el violín, tendrás que aprender de una persona que pueda utilizar este instrumento. Si quieres tener un cuerpo saludable, debes aprender de una persona que siga una vida saludable. Con el dinero funciona de la misma manera, si quieres aprender sobre las reglas del dinero debes aprender de los que saben cómo generarlo, cuidarlo y multiplicarlo.

Las personas sin éxito financiero les piden consejos a personas que no saben nada sobre ello. Respóndete esto: ¿Le pedirías un consejo financiero a una persona endeudada? Ahora podrías responder que no, pero muy probable has escuchado por muchos años a tus amigos endeudados decir que consolides deudas y compres con tarjeta de crédito para ganar puntos. Esas personas están igual o peor, aun así, sigues sus consejos.

A algunas personas que leen esto por primera vez, puede ocasionarles incomodidad. Los familiares y amigos brindan estos consejos para ayudarte, desde su gran amor, pero esto no quiere decir que esa información sea la correcta. Muchos pueden sugerirte que seas realista, que juegues a la segura, que el dinero no te hará feliz, que te sientas satisfecho con lo que tienes, etc. Ese es el vocabulario y la mentalidad de la gente promedio. Cuando escuches este tipo de consejos, agradéceles y diles que prefieres comprometerte con tus sueños y metas, antes que permanecer en una vida financiera promedio.

A nivel personal, fue difícil reconocerlo, pero a largo plazo elegí por mí mismo cuál era el punto de vista óptimo para los resultados que yo quería conseguir. Escuchaba sin juzgar, pero yo decidía si aceptar o rechazar esas ideas. Tienes la libertad de elegir la información que desees, solo ten en cuenta que la elección que hagas te conducirá al resultado.

Las personas exitosas se reúnen con personas optimistas, entusiastas y con una actitud mental positiva. Los exitosos aprenden de otros exitosos y los que no lo son de otros igual o peor que ellos. El entorno en el que se rodean es su fórmula de aprendizaje, razón por la cual es extremadamente importante conocer a quienes les estamos pidiendo consejos.

Un ejemplo de esto son los *Masterminds*. Cuenta la historia que el autor Napoleón Hill, escritor del famoso libro *Piense y hágase rico* le dio la introducción a este concepto. Para el autor el principio de este grupo es: "La coordinación del conocimiento y el esfuerzo de dos o más personas, que trabajan hacia un propósito definido, en el espíritu de armonía", (p.210).

Te podrás preguntar: "Mario ¿qué carajos tiene que ver un *mastermind* con el éxito financiero? Si quieres que tus finanzas mejoren, debes estar en un ambiente de crecimiento con personas que tengan los mismos objetivos a los que tú quieres llegar.

Comprométete con el aprendizaje y el crecimiento personal, ya sea aprendiendo nuevas habilidades o mejorando las que ya tengas. Una de las habilidades que te recomiendo encarecidamente aprender es a vender. Puedes monetizar los conocimientos para incrementar los ingresos con estrategias en esa materia.

F. Ventas

Las personas con hábitos ganadores se enfocan en vender. Saben que todo en la vida tiene un precio y no tienen miedo de decirlo. "Impacta a millones y te llenarás de millones" dice una frase. Si eres empleado, vendes tu tiempo, pero puedes enfocarte en vender tus propios productos. No me refiero solamente a cosas tangibles, sino intangibles como tu conocimiento. En esta parte del libro, quiero apoyarte con una estrategia que implemento en las asesorías para ayudar a que la persona descubra una forma de generar una fuente de ingreso adicional. Como ya habrás notado en el recorrido de estas páginas, me gusta ponerle número a todo. Utiliza la siguiente plantilla.

Mis Fortalezas	Mis Conocimientos	¿Qué solución brindo?	¿A quiénes les puedo brindar la solución?	Precio

Una estrategia es segmentar a las personas que son prospectos para venderles. No quieras tratar de vender a todo mundo porque vas a perder muchos recursos intentándolo. Al iniciar, enfócate en los clientes ideales. Los principiantes en emprendimiento cometen el error de querer vender a todas las personas a su alrededor y con eso bajan precio, hacen descuentos y brindan crédito. Al final, se termina el capital de trabajo para continuar y otros pasan años sin producir ganancias reales. Enfócate en los beneficios de tu producto o servicio. Si comunicas bien estas estrategias llegarán buenos clientes que paguen lo justo y no tendrás que esforzarte tanto en convencerlos.

Otra forma que puedes ver esto, es evaluar las cosas que ya posees. Te daré más información en el siguiente hábito ganador, pero permíteme contarte una historia real sobre ventas. En una ocasión yo estaba impartiendo un club de lectura y una participante con su hija de diez años estaba escuchando mi exposición. La señora pidió la palabra porque su hija quería mencionar algo y con mucho gusto accedí, a lo que la niña dijo:

- Mario, quiero decirle que estoy ayudando a mi mamá a vender a una tienda vecina frutas de unos árboles que tenemos en mi casa.

Al escuchar esto, me llené de gran satisfacción ver a esa niña de tan corta edad con más inteligencia financiera que muchos adultos y en plena pandemia COVID-19. Aproveché la ocasión para retar al resto de participantes y les dije: "Amigos, nos acaban de dar una clase magistral de ventas y de monetización de espacios"; luego les hice a todos la pregunta: "¿Cuánto dinero les produce su jardín?" Un silencio total en la sala. Esto es un claro ejemplo de maximización de beneficios. Tenemos una gran cantidad de cosas en casa que no producen ni un centavo. Utiliza el primer método del análisis científico que es la observación y luego, juega con las cartas que tienes. Puedes generar ventas con tu cerebro, teléfono, computadora e internet, y si estás leyendo este libro, estoy seguro de que ya tienes esas herramientas.

Cuando se llega a la edad adulta, a muchos se les muere la creatividad y la innovación. Creo que debemos recordar nuestra niñez y tener esa imaginación para poder hacer más y no buscar excusas, ver las cosas como un juego para aprender de ello y no ser tan egocéntricos en creer que todo lo sabemos. Los niños nos brindan buenas lecciones, solo debemos tener la humildad de mirar y aprender.

G. Le gritan al mundo lo que saben hacer

Esto se llama promocionarte. Las personas con hábitos ganadores no tienen miedo de decirle al mundo cuáles son sus talentos y conocimientos. Invierten en promocionarse porque saben que esta es la mejor manera de darse a conocer. Existen muchos negocios que aún en pleno año 2020 no tienen ni si quiera una página web. Si quieres producir ingresos adicionales, deberías crear una. El poder del internet es grandísimo y tienes acceso a millones de personas a un clic de distancia. Es un negocio que está abierto 24/7 durante todo el año. Imagina que inicias vendiendo un producto por 49 dólares mensuales a veinte personas. Son 980 dólares. Esto es más del doble del salario mínimo en la mayoría de los países en Latinoamérica. Si inviertes en publicidad el alcance es mucho mayor. Los costos en internet son menores y puedes modificar la publicidad si así lo deseas, algo que en los medios tradicionales sería muy difícil.

Crea también una página en redes sociales exclusiva para ese negocio o servicio. Hay miles de abogados, contadores, doctores, *coach*, diseñadores gráficos, psicólogos, fotógrafos, arquitectos, etc. Es una de las razones por la cual esas profesiones han tenido problemas con los precios ya que han llegado a ser un *"commoditie"*. En otras palabras, es un producto o servicio que no se diferencia de la competencia; por lo que las personas le terminan comprando al que venda con el menor precio y esto no es negocio para nadie. Sobrevivir a base de precios bajos es un trabajo titánico y sobre todo si tu negocio es de la forma tradicional. Enfócate en mostrar el factor de diferenciación de tu marca y no sigas al rebaño. Recuerda la siguiente frase:

LO NORMAL PAGA MUY POCO Y CUALQUIERA PUEDE HACERLO.

H. Permanecen en un ambiente de crecimiento

El ambiente que nos rodea tiene gran influencia sobre nosotros y por ende en los resultados. A veces no basta solo con tener una gran motivación para cambiar algo. Probablemente a corto plazo sí funcione, pero no a largo plazo. Recuerdo en los tiempos de universidad, que también fueron de fiestas, tenía poca inteligencia financiera y nada de noción del dinero. Las personas con las que frecuentaba esos lugares tenían hábitos parecidos a los míos. Es fácil ir a una fiesta cuando tu grupo de amigos son "fiesteros". Nos viene bien la frase popular que dice: "Dios los hace y ellos se juntan".

Así sucede en empresas donde se vive un ambiente tóxico. Esto es causado por un grupo de personas y se transmite a los demás. En ese tipo de ambientes es difícil tener un crecimiento personal. Diferente a empresas donde tienen un liderazgo sólido y los valores son las bases de la organización. En este entorno las personas desarrollan su crecimiento logrando resultados a nivel personal y colectivo.

La naturaleza es una excelente maestra y nos enseña sobre el ambiente. Por ejemplo, para producir un buen café tienen que existir las condiciones ambientales satisfactorias. La temperatura debe estar entre los 17 a 26 grados centígrados. Si baja la temperatura de los 16 grados se queman los brotes y si sobrepasa los 27 grados hay riesgo de deshidratación de la planta. La altura apropiada es entre 900 a 1,600 metros sobre el nivel del mar. Con estos factores se logra producir una deliciosa taza de café.

Para cambiar el ambiente tóxico en el que yo me encontraba, tuve que cambiar el entorno. Empecé a ser responsable de mi mundo para tomar el control y volverme el arquitecto de mi vida. Únicamente de esa manera los resultados que yo quería empezaron a llegar. Para tener hábitos de éxito mantente en entornos donde el crecimiento personal se desarrolle.

CAPÍTULO 15

Mentores

❝ Es difícil mejorar cuando no se tiene a nadie a quien seguir sino a uno mismo."

John C. Maxwell

Esta es una de las estrategias más poderosas de las personas exitosas: contar con un mentor para acelerar el aprendizaje. Un mentor es una persona que admiras y tiene los resultados que buscas obtener. El mentor es un ejemplo digno. Esta persona ha recorrido el camino que deseas recorrer y te lo mostrará de una manera más eficiente para lograr los resultados. Los mentores son guías.

La historia nos enseña que las personas exitosas siempre han tenido mentores. Sócrates el filósofo griego, fue maestro de Platón y él fue maestro de Aristóteles. El gran conquistador Alejandro Magno tuvo de maestro a Aristóteles quien fue el encargado de su formación intelectual. Ahora en el presente Mark Zuckerberg el fundador de Facebook tuvo como mentor a Steve Jobs. Si quieres que tu éxito sea grande, debes tener los mentores adecuados ya que por ti solo llegarás hasta donde tu visión lo permita. Con un guía, la visión se expande y acelera los procesos de cambio ayudándote en el desarrollo de tu potencial.

ACONSEJARSE A UNO MISMO PARA SALIR DE UN PROBLEMA FINANCIERO NO ES RECOMENDABLE PORQUE LA MAYOR PARTE DEL TIEMPO LLEGARÁS A LOS MISMOS RESULTADOS.

Te brindo un ejemplo. Muchas personas guardan por unos meses la tarjeta de crédito para disminuir el gasto de deuda. En una semana que esa persona no cuente con dinero para comprar algo, se desespera y regresa a su escondite a sacar la tarjeta y dice: "solo será una compra pequeña" y luego otra y otra hasta que se utiliza nuevamente la deuda como de costumbre. La persona cree que el problema se solucionará escondiendo la tarjeta, cuando el verdadero problema es la gestión del dinero. Esta persona puede pasar meses y años con el mismo resultado porque ese es el único método que conoce.

No podrás resolver los problemas financieros con el mismo estado mental y las mismas acciones que los crearon. Simplemente porque haciendo lo mismo vas a conseguir más de lo mismo. Como dice el experto en liderazgo Juan Carlos Rodríguez: "No seas sabio en tu propia opinión".

En una charla en la que participé, el expositor comentó que el aprendizaje, en resumen, se da de dos formas: por experimentación propia o por sabiduría. El aprendizaje por experimentación propia es en el que tú mismo te das los golpes y aprendes de eso. Por sabiduría es en el que otra persona se da los golpes y te enseña, o tú lo observas, para que el aprendizaje sea lo más suave posible.

EL APRENDIZAJE POR SABIDURÍA ES UN CLARO EJEMPLO DE APALANCAMIENTO DE CONOCIMIENTO; TÚ RECIBES EL APRENDIZAJE BENEFICIÁNDOTE DE LA EXPERIENCIA DE OTROS SIN EL GOLPE DIRECTO.

Una vez escuché en una conferencia una fábula que deja una gran enseñanza en este tema:

Se encontraban en el bosque un oso, un lobo y un zorro. El oso como era el más fuerte del grupo le dijo al lobo y al zorro:

– Vamos a ir al bosque a cazar y cada uno traiga lo más que pueda.

– Perfecto – dijeron los demás. Y se fueron a cazar.

Después de unas horas, regresaron y cada uno cazó un ciervo.

El oso le preguntó al lobo: – ¿Cómo crees que debemos dividir el botín?

– En partes iguales – respondió el lobo. Cualquiera pensaría que eso sería lo justo, pero al oso le molestó la respuesta y de un solo bocado se comió al lobo.

Luego dirigió su atención al zorro y le preguntó:

– ¿Cómo crees que debemos dividir el botín?

– Tómalo todo –le respondió el zorro–. Es más, si quieres vuelvo al bosque a cazar otro ciervo.

El oso asombrado por la respuesta que este le había dado, le preguntó:

– Zorro, ¿y toda esa sabiduría de dónde la obtuviste?

– Del lobo.

El zorro no tuvo que esperar a que lo devoraran, ya que había aprendido la lección que el lobo terminó pagando.

De esa misma forma van muchas personas por la vida, siendo presas de las malas decisiones, sin aprender la lección. Ahora el zorro será el mentor de muchos en el bosque para que no les suceda lo mismo que al lobo.

Con este libro quiero que aprendas de mi experiencia y así obtengas el apalancamiento de conocimiento en tus finanzas personales.

Profundizando sobre el capítulo anterior, las personas exitosas aprenden de otros mejores que ellos. Napoleón Hill entrevistó a Andrew Carnegie, quien fue el magnate del hierro y uno de los hombres más poderosos del mundo. Indagando sobre el secreto de su éxito, Carnegie respondió que sus resultados podrían rastrearse hasta "la suma total de las mentes", en otras palabras, era su equipo de trabajo la clave. A este poder mental combinado, llamado *mastermind*, le atribuyó la clave de su éxito.

Para obtener éxito financiero, lo más inteligente es buscar un mentor que te guíe hacia la conquista de tus objetivos.

Pasos que recomiendo para encontrar a un mentor

1. Debes ser consciente que necesitas apoyo

Tomar conciencia es una tarea que implica tener valor, humildad, aceptación y conocimiento de uno mismo. Las personas que actúan desde el ego no obtienen éxito financiero, por lo que necesitas como primer punto ser consciente. Con la aceptación de que necesitas un mentor estás dando el primer gran paso. Ser consciente de la situación financiera te permite conocer el lugar donde te encuentras actualmente y así trazar el camino para lograr tus metas. El mentor será la persona que te apoye en el camino.

Te recomiendo estar totalmente comprometido, ya que a los mentores no les gusta perder su tiempo y ayudan a personas que en realidad tengan la determinación y en consecuencia actúen para lograr los objetivos. Una frase popular dice: "Cuando el alumno está listo, aparece el maestro". Debes estar dispuesto y ser intencional con el éxito financiero.

SI TE DECIDES A CAMBIAR, CRÉEME QUE YA TIENES UN IMPORTANTE LOGRO, PORQUE LA MAYORÍA DE LA GENTE NUNCA SE DECIDE.

Si has llegado hasta este punto del libro, estoy seguro de que eres una persona proactiva y de que estás comprometido con obtener éxito financiero.

2. Haz una lista de las personas que tienes a tu alrededor, observa sus cualidades y resultados.

Al realizar este ejercicio, tendrás dos opciones: la primera es que lo encuentres y la segunda que no. Si tienes el primer resultado acércate a esa persona y pídele que sea tu mentor. Si no lo tienes, es un indicador de que necesitas urgentemente cambiar de entorno. En una ocasión estaba impartiendo una conferencia en línea y una de las participantes me dijo:

— "Mario, en la oficina donde laboro la mayoría de mis compañeros son tóxicos, nadie lee ni la portada de un periódico y no conocen sobre el crecimiento personal. Esos compañeros viven de deudas. Luego en mi familia igual, se preocupan únicamente por sobrevivir financieramente. ¿Qué puedo hacer?"

— Primero, es urgente que cambies de entorno–le respondí. Esto no significa romper relaciones con estas personas, sino buscar ambientes de crecimiento como el que tenemos en esta conferencia. Segundo, es una gran oportunidad que la vida te ha dado para ser agente de cambio. La luz brilla más en la oscuridad.

Esta persona tiene una gran oportunidad para influenciar positivamente.

Crea una lista de distintos mentores y utiliza las redes sociales como herramienta. Si buscas un mentor en negocios, las conferencias y eventos de *networking* son una excelente oportunidad. Enfócate en los mentores que tú admires y que sean más accesibles. A medida que subas por la escalera del éxito puedes contactarte con otros.

3. Busca personas con experiencia en áreas particulares en las que quieres tener buenos resultados

Si quieres administrar mejor el dinero, necesitarás buscar una persona que lo administre muy bien. Si quieres generar más ingresos, busca personas que ya esté generando esos ingresos. Si quieres que tu negocio mejore, busca una persona que tenga un negocio exitoso y no un empleado. Si buscas mejorar tu salud, busca quien tenga la salud que quieres no una persona que tiene vicios en exceso. Si quieres mejorar la relación con tu pareja, busca un mentor que tenga una relación estable no uno que se encuentre en su quinto matrimonio.

Los resultados del mentor son fundamentales porque ese es el conocimiento que tiene para solucionar los problemas y te los va a transmitir. Debes ser juicioso en esta parte e investigar. El internet está lleno de personas que son excelentes vendedores, pero no cumplen lo que ofrecen.

4. La disponibilidad del mentor

El primer recurso que las personas utilizan en la búsqueda de un mentor es por medio de los libros. Este es el inicio, pero para potenciar tu éxito debes tener contacto directo para pasar tiempo con esta persona y hacerle preguntas aprendiendo de sus respuestas. En el libro de las 15 leyes indispensables del crecimiento, el autor John Maxwell recomienda: "el mejor consejo que puedo dar en el área de la disponibilidad es que cuando esté buscando un mentor, no apuntes demasiado alto demasiado pronto", (p.222). Esto podrá sonar contradictorio a algunos libros que predican cosas como "saltos cuánticos" y "hacer diez veces más lo que otros hacen" o alguna frase bonita que queda bien en un *post* de redes sociales. Respeto la opinión de esos autores, pero desde mi punto de vista, la opinión de Maxwell me hace más sentido ya que es experto en liderazgo y crecimiento personal, autor de más de ochenta libros y se toma muy enserio estos temas.

Inicia con un mentor que conozca más que tú acerca del tema de interés, luego vas escalando. A medida que vayas creciendo en la materia, busca nuevos mentores.

En el fútbol sucede lo mismo. Los jugadores inician su profesión en la cantera de un equipo, luego van avanzando y así conocen a mentores. Cada uno de esos mentores les enseña lo que en ese momento necesitan conocer, hasta llegar a un nivel profesional donde ellos mismos se vuelven mentores de otros. Si analizas a Lionel Messi, él inició jugando en el Newell´s Old Boys, luego pasó al Barcelona. Fue paso a paso, hasta llegar a ser el maravilloso jugador que ahora es. En su recorrido tuvo varios mentores.

Cuando yo inicié en educación financiera, busqué personas que estaban unos pasos adelante de mí. Si yo hubiera iniciado de una sola vez con un "gurú", probablemente ni me hubiera respondido los mensajes. Igual que en una empresa, si vas a resolver un problema inicias con tu jefe inmediato, que puede ser un supervisor, luego pasas a un jefe de departamento, luego a un gerente y escalas hasta la directiva.

El acceso a mentores puede ser por distintos medios y herramientas como libros, cursos, mentorías, charlas, entre otros. Debes tener a alguien que te invite a ser diferente; también comprométete a ser intencional y salir a buscarlo. El mentor no va llegar a tocar tu puerta y decirte: "hola quiero ser tu mentor", nada que ver, ellos están ocupados con el éxito.

Tener un mentor te permite lanzar ideas, discutir y debatir, recibir críticas e inspiración, crecemos y nos desarrollamos como seres humanos y fomentamos nuevas ideas mientras desaprendemos o perfeccionamos las viejas. El mentor te apoyará a que desarrolles claridad sobre puntos específicos.

Un buen mentor también te llamará a cuenta y te preguntará por tus tareas y logros. El trabajo se base en etapas, por lo que te exigirá cuentas claras de lo que estás realizando. El mentor se centra en un plan de acción concreto.

Te retará para sacarte de la zona de confort; quebrará las barreras mentales; te inspirará y desafiará a un nivel que por ti solo no podrías hacerlo. Un excelente mentor escucha sin juzgar y te guía hacia la conquista de tus objetivos.

La mentoría es un trabajo recíproco, por lo que los mentores siempre están en "modo aprendizaje". Ellos saben que cada experiencia deja una lección. Mientras tú recibes la orientación y adquieres nuevos conocimientos, el mentor conoce nuevas inquietudes y amplía su visión. Es un trabajo en equipo ganar-ganar.

Recomendaciones finales

" Lo que usted considera el pasado es una huella de la memoria almacenada en la mente de un ahora anterior."

Eckhart Tolle

Tenemos un gran poder del que la mayoría de las personas no son conscientes y ese es el poder del ahora. Dios nos ha dado el libre albedrío y eso significa tomar decisiones en el presente. Lo que hacemos ahora controla lo que seremos en el futuro. Si necesitas generar un cambio en tu vida financiera, debes empezar hoy. No tienes otro momento.

En las cuestiones de dinero, las personas están más preocupadas por lo que hicieron en el pasado y lo que sucederá en el futuro, manteniéndolos atados. Ni de una ni de la otra tienes el control. El pasado ya pasó y el futuro es una proyección de la mente. En lo que si tienes control son en las decisiones que vas a tomar ahora. Si de algo estoy claro es que toda causa tiene un efecto.

Si hoy utilizas la tarjeta de crédito, debes pagar ese dinero en el futuro. Si gastas más de lo que ganas vas a tener problema de liquidez. Si no tienes el control de tus finanzas el dinero tendrá el control sobre ti. Si tú no decides sobre tus sueños alguien más lo hará. Si sientes que no avanzas en tu vida financiera, lo mejor es tomar otra ruta.

Toda crisis implica un cambio. Generalmente las personas se resisten a ello porque están en la zona de confort. Solo si abandonas viejos hábitos podrás avanzar. Debes enfrentarte a la crisis aun con miedo porque eso será lo que te permitirá crecer. El momento presente te brinda claridad y actúas bajo el círculo de influencia. Cuando te haces amigo del momento presente, te sentirás cómodo trabajando desde el ahora.

Espero que esta guía haya sido de alto valor para ti ya que lo preparé con las estrategias y herramientas financieras que han ayudado a cientos de personas, incluyéndome.

Utiliza este libro como un recurso para aprender e integrar a tu vida. Compártelo con familiares y amigos que creas que se beneficiarán de su mensaje.

Potencia tu éxito financiero

Para continuar con tu crecimiento financiero te invito a que me sigas en redes sociales @mariofinanciero y visites mi página web: **www.mariofinanciero.com**

En ese enlace podrás encontrar herramientas de ayuda adicionales, información de los seminarios, programas de formación y ponerte en contacto conmigo.

Bibliografía

1	AlexcomunicaTV (2020). *El poder de la disciplina: cómo tener éxito en lo que quieras con Raimon Samsó* (Video). Youtube.

https://www.youtube.com/watch?v=sYcnefdVrSk

2	Caballeros, H. (2008). *Dios te invita a soñar*. Peniel.

3	Cancela, M. (2012). *Las condiciones ambientales en la producción de café*, Inattia.

http://www.innatia.com/s/c-produccion-cafe/a-ambiente-para-producir-cafe.html

4	Castro, J. y Magaña, M (2019). *Negocios sin corbata* (Podcast). Spotify. https://open.spotify.com/show/41sU4OgtXd7xdvjAfLs1Pp

5	Chopra, D. (2011). *The soul of leadership* (V.Herrasti, Trad.;1ª ed.) Aguilar. (Original work published 2011).

6	Clear, J. (2019). *Atomic Habits* (G. Moya, Trad.; 1ª ed.) Ediciones Culturales Paidós. (Original work published 2018).

7	Corley, T. (2010). *Rich habits*. Langdon Street Press.

8	Covey, Stephen R. (2014). *The 7 habits of highly effective people* (J. Piatigorsky, Trad.; 1ª ed.) Ediciones Culturales Paidós. (Original work published 2013).

9	Dinga Haines (Director). (2017). *Hombre de fe: Keylor Navas* (Película). PCP Productora.

https://www.netflix.com/sv/title/81046110

10	Duhigg, C. (2019). *El poder de los hábitos: por qué hacemos lo que hacemos en la vida y los negocios*. Vintage Español.

11	Eker, T. Harv. (2005). *Secrets of the millionaire mind* (A. Renau Bahima, Trad.; 26ª ed.) Editorial Sirio. (Original work published 2005).

12	Hill, N. (2019). *Piense y hágase rico: La riqueza y la realización personal al alcance de todos*. Penguin Random House Grupo Editorial, S.A. de C.V.

13   Maxwell, John C. (2013). *Las 15 leyes indispensables del crecimiento.* Hachette Book Group.

14   Navas & Cusi Abogados. (2015). *Tipos de amortización hipotecas.*

https://www.navascusi.com/tipos-de-amortizacion-del-prestamo-hipotecario-y-la-directiva-9313cee/

15   Olmo, L. (2017). *Las mejores citas del gurú de las inversiones Warren Buffett.* Ticbeat.

https://www.ticbeat.com/empresa-b2b/las-mejores-citas-del-guru-de-las-inversiones-warren-buffett/

16   Ramsey, D. (2003). *La transformación total de su dinero.* Grupo Nelson.

17   Santa Biblia con Deuterocanonicos (1999). *Dios habla hoy.* American Bible Society.

18   Stoner, J. (1984). Management (J. C. Nannetti, Trad.: 2ª ed.) Prentice Hall, Inc. (Original work published 1983)

19   Volpini, S. (2014). *¿Como te enfrentas a los problemas?* Sabiamente. https://www.sabiamente.es/como-te-enfrentas-a-los-problemas/

20   Wen, T. (2019). *La "ley de Parkinson", la curiosa norma de comportamiento que explica por qué perdemos el tiempo.* BBC News.

https://www.bbc.com/mundo/vert-cap-50543203

Acerca del autor

Mario Magaña es Máster en Dirección Financiera y Licenciado en Administración de Empresas. Trabajó en varias compañías multinacionales antes de iniciar su propia empresa de consultoría.

Después de pasar por la agonía de las deudas, decidió dedicarse a ayudar a las personas a cumplir sus metas financieras. Desde entonces, ha desarrollado e impartido programas de educación financiera para empresas.

Ha impactado a cientos de personas por medio de charlas y asesorías en la eficiente administración del dinero. También apoya a emprendedores a obtener rentabilidad en sus negocios por medio de la maximización de los recursos financieros.

Es socio de la empresa Doctor Empresario que es una firma especializada en consultoría de marketing y finanzas para médicos.

Es host del podcast "Negocios Sin Corbata", puede encontrarlo en *spotify*.

Mario, es apasionado por el crecimiento personal y siempre está buscando ayudar.

Conoce a Mario Magaña y reciba asesoría experta en su página web:

www.mariofinanciero.com

NOTAS

NOTAS

NOTAS

Made in United States
Orlando, FL
04 December 2021